사람은 **칭찬**을 먹고산다

민영욱 지음 | 한국스피치 & 리더십센터 원장 |

가림출판사

사람이 살아가는 과정은 문제해결의 과정이다. 그 문제가 개인적인 문제이든 조직 또는 공공의 문제이든 가장 바람직한 해결 방법은 다수의 의견을 모아 하나의 합의점을 찾는 것이다. 이러한 합의점을 찾는 과정에서 중요한 요소가 바로 리더의 칭찬리더십이다.

구성원들이 목표달성을 하지 못했거나 일을 잘못 처리했을 때 질책을 하는 리더는 많다. 그러나 구성원들이 일을 하는 과정이나 결과물에 대해서 칭찬을 해주는 리더는 드물다. 칭찬을 해주는 문화에 익숙지 못한 우리의 고정관념 때문이다. 그러나 조직을 이끄는 리더라면 자신이 이끄는 조직이 크든 작든 간에 칭찬을 해주는 리더십이 어떤 면에서는 더 효율적이라는 사실을 깨달아야 한다.

칭찬에도 기술이 필요하다. 필요 이상으로 과장하거나 가식적으로 칭찬을 했을 경우에는 오히려 역효과가 나타난다.

칭찬은 희망의 노래이다.

이 책에서는 칭찬이 갖는 효용성, 최고경영자·중간관리자 등이 반드시 갖춰야 할 자질인 칭찬에 관한 귀한 내용들이 자세하게 수

록되어 있다. 또한 단락마다 칭찬과 관련해 생각해보아야 할 주제들을 언급해 놓았으므로 바쁘게 살아가는 독자 여러분들에게 생각하는 시간을 갖게 해줄 것이다.

또한 대학과 기업체 등 많은 사람들을 대상으로 강의했던 경험을 바탕으로 한 내용 서술이기에 여러분에게 쉽게 이해되고 많은 유익을 가져오리라 생각된다.

2003년 10월

신경정신과 박사 이 시 형

사람은 다른 사람들과 관계를 맺으며 살아가기 마련이다. 인간관계에는 말이 중요하다. 그 관계가 어떠한가는 서로가 서로를 어떻게 대하느냐, 어떻게 말하느냐에 달려 있다. 상대를 존중하는 말을 하면 그 사람으로부터 존중을 받게 되지만 그렇지 못하면 비난을 받게 된다.

리더십도 마찬가지이다. 리더가 구성원들을 인정하지 못하고 무시하는 말을 하면 구성원들은 단순히 시키는 일을 잘하는 것에만 관심을 두게 된다. 이런 태도를 취하면 조직의 분위기는 살얼음판이 된다.

사람은 누구나 자기를 인정해주는 사람을 따르고 그 인정을 배반하지 않으려는 경향이 있다. 훌륭한 리더에게는 수많은 추종자들이 있고, 그 리더를 위하여 모든 것을 던지려는 사람들이 있다. 그 요인 중에서 가장 중요한 요인은 리더가 추종자들을 인정해주어 그들의 마음을 사로잡았기 때문이다.

사람을 인정하는 방법에는 여러 가지가 있지만 가장 빠르고 효과적인 방법은 칭찬하는 것이다. 칭찬을 싫어하는 사람은 없다. 칭찬의 말에는 설득력이 있다. 칭찬은 사는 맛, 일하는 맛을 느끼게 한다. 암반에서 샘물이 샘솟듯이 더 열심히 해보겠다는 마음을 샘솟게 한다.

지금 우리의 공통된 꿈은 국민소득 2만 달러이다. 새로운 도약을 위해서는 우리 모두가 서로를 인정해주고 양보할 것은 양보해서 하나가 되어야 한다.

서로를 아끼고 위해주면서, 보다 밝은 미래를 향해 앞으로 나아가야 하는 것이 신이 부여한 행복한 삶의 모습이다. 서로를 믿고 서로의 능력을 칭찬해주며, 서로의 아이디어를 칭찬해주고, 서로의 노력을 칭찬해주며, 서로의 성과에 대해 칭찬을 아끼지 말아야 한다.

칭찬의 리더십은 어깨동무하며 살아가자는 것이다. 마음을 합쳐 앞에서 끌고 뒤에서 밀면 안 되는 일이 없다. 그 힘은 칭찬과 인정하는 마음에서 나온다.

이 책을 읽는 독자 여러분에게 칭찬의 말씀을 드리고 싶다. 자기 계발을 위하여, 보다 나은 리더십을 발휘하려고 노력하는 것에 대해 말이다. 또한 가림출판사 강선희 사장님과 직원 여러분의 좋은 책 만들기에 정성을 다하는 노력에도 감사 드린다.

2003년 가을

민 영 욱

차
례

사 | 람 | 은 | 칭 | 찬 | 을 | 먹 | 고 | 산 | 다

Contents

제1장 리더십은 칭찬으로부터

왜, 칭찬인가? | 21

리더십은 영향력이다 | 28

제2장　칭찬리더십의 원칙

제5장 대화에도 칭찬의 전략이 필요하다

01

01

리더십은 칭찬으로부터

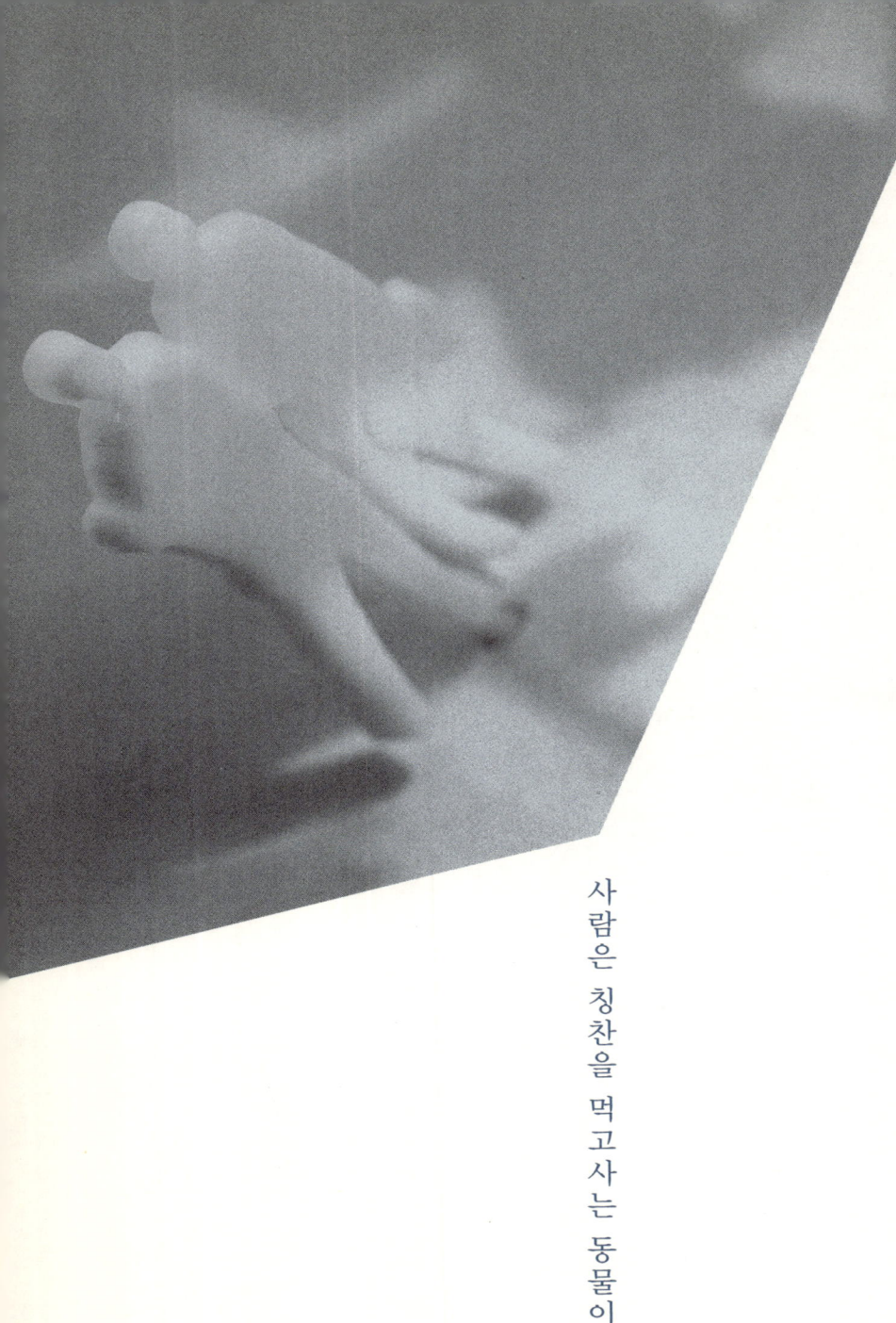

사람은 칭찬을 먹고사는 동물이다 | 칭찬리더십

왜, 칭찬인가?

01

한 포기의 풀이 자라려면 따스한 햇볕이 필요하듯이 한 인간이 건전하게 성장하려면 칭찬이라는 햇볕이 필요하다.

－루 소－

무조건 권위에 복종하지 않는다

리더인 당신은 시대의 흐름을 읽고 있는가?

당신은 직원들이 자신과 가치관이 다르다는 것을 인정하는가?

한강은 변함없이 흐른다.

몇 년 전만 해도 우중충하던 강변 좌우의 건물들이 어느새 재건축되거나 재개발되어 산뜻한 모습을 자랑하고 있다.

지난 10년 동안 우리 사회는 변화의 급물살을 타고 있다.

보수에서 진보로의 정권 교체, IMF경제 위기, 벤처 열풍, 인터넷의 확산, 남북 교류, 노조 및 시민단체의 적극적 현실참여 등을 거치면서 권위는 물론이고 다수에 의한 결정도 자신들의 논리나 이익을 위해서 반발하는 시대가 되어 버렸다.

지금 우리 사회는 보수와 진보의 대립, 노와 사의 대립 등 갈등이 만연해 있다. 문제가 있으면 집단을 만들어 생존권이다 뭐다 하며 투쟁에 나서는 집단이기주의가 사회를 흔들고 있다.

심지어 우리나라는 '파업공화국'이란 소리도 나온다. 기업을 경영하는 사람은 더 이상 못 해먹겠다고 외국으로 가겠다고 협박(?)한다.

여당도 야당도 행정부도 유권자의 표나 여론을 지나치게 의식해서 나라의 장래를 좌우하는 국가정책의 결정을 내리지 못하고 자리 싸움하며 뒤로 받은 불법 정치자금 문제로 검찰청을 들락거리고 있다.

이런 결과로 우리는 8년째 국민소득 1만 달러에 머물러 있다. 묵묵히 침묵하며 어쩔 수 없이 생업에 매달려야 하는 국민들은 어떠한가?

그들은 쓴 소주 한잔을 나누며 주위 사람에게 현실을 개탄하며 이 불안의 시대를 정리해줄 새로운 정치 리더가 나와주었으면 하는 바람을 토로한다.

능력만이 살길인가 ?

유교문화와 경제발전 논리의 힘과 권위에 의해 무조건 리더에게 복종을 강요 당하던 시대는 이미 역사책의 한 페이지일 뿐이다.

과거에는 상상도 할 수 없는 현상이 공무원 조직에도 나타나고 있다. 비근한 예로 공무원의 수장인 대통령의 말도 자신의 가치관과 어긋나면 공개적으로 반박한다.

공기업도 이른바 새로 부임할 리더가 능력이 있다고 평가되더라도 노조는 자신들이 원하는 사람이 아니면 취임조차 못 하게 한다.

기업의 조직도 IMF 6년을 거치면서 마인드가 크게 바뀌었다. 취업난이 가중되고 근속연수와 학력은 경시되고 '능력제일주의'가 전면에 등장했다.

의학의 발달로 인간의 수명은 늘었는데 나이 들었다고, 월급만 축낸다고 떠나라고 하는 사오정(45세면 정년퇴직)이란 소리도 나온다.

기업의 경영자들도 기업의 생존을 위해서 시키는 대로 하는 사람보다는 뛰어난 인재를 확보하는데 더 큰 비중을 두고 있다. 또한 상하관계를 중시하지 않고 직장인들은 누구나 리더의 역할과 추종자의 역할을 동시에 수행하도록 요청받고 있다. 그래서 직장인들은 자리를 지키려면 더 머리를 짜내야 한다.

이러한 환경에서는 어쩔 수 없이 조직의 구성원들 사이에서 정서적 유대보다는 나부터 살고 봐야지 하며 계산적 이해를 앞세우게 된다.

가치관이 변하고 있다

한국의 직장인 중 65%가 자기가 다니는 회사에 애착을 가지고 있지 않다는 결과가 나와 우리에게 충격을 준 적이 있다.

지금 우리 시대의 주류가 되어 가고 있는 신세대 직장인의 경우, 가치관이 구세대와는 다르다.

신세대의 경우, 아무리 취업난이라 하지만 무턱대고 일자리를 찾는 것이 아니라 다음과 같은 선택기준으로 직장을 찾는다고 한다. 그리고 평생직장이라는 생각은 아예 하지도 않는다고 한다.

'어느 직장에서 내 능력을 잘 발휘할 수 있을까?', '어느 직장이 나의 발전을 가장 효율적으로 지원해 줄 수 있는가?'

그리고 일과 여가를 동등 수준으로 보며, 자기 일만 끝내면 책상머리를 떠나며 연장근무를 싫어한다.

또한 상사의 지시가 자신과 어긋나면 바로 씩씩거린다. 조금 능력이 있다는 사람은 상사를 무시하거나, 더 좋다고 여기는 직장을 찾거나 창업할 생각을 한다.

인간임을 다시 한번 생각하자

이래서는 나라나 사회, 기업이 어디로 갈지 모른다. 서로를 인정하지 않는 주장은 평행선만 달릴 뿐이며, 문제는 해결되지 않는다.

아직도 사회나 조직에 비판하고 바로잡고 개선해야 할 많은 과제가 있는 것은 사실이다. 그러나 비판하는 사람도 문제가 없는 것은 아닐 것이다.

세상엔 100% 완전한 사람들은 없고 장점과 단점을 모두 가지고 있다. 서로가 서로의 단점을 보완하며 살아야 하는 것이 인간이 아닌가?.

인간은 서로 도와가면서 살아가는 존재이다. 서로 돕지 못하고 밥그릇 싸움만 한다면 앞으로 나아가질 못한다.

다른 사람을 칭찬해주는 목소리가 나오고 서로를 격려할 수 있는 분위기를 만들어야 가뜩이나 힘든 세상에 살맛이 나고 미래를 이야기할 수 있지 않겠는가?

완벽한 사람은 없다.

아무리 역사에 길이 남을 리더라도 흠은 있기 마련이다. 그런데 사람들은 다른 사람이 완벽하기를 기대하고 완벽하지 못하면 무시하거나 배척한다.

리더십은 내치는 것이 아니라 끌어안는 것이다.

어떤 사람이든 어떤 의견이든 장점과 단점이 동시에 있기 마련이다.

장점을 칭찬해서 잠재된 능력을 이끌어내어 파도를 헤치며 희망의 섬으로 가야 한다.

가장 확실한 인정과 보상은 '칭찬' 이다

당신이 맡고 있는 조직의 구성원이 활기가 있다고 생각하는가?
당신은 분위기 조성에 얼마나 노력하는가?

현재, 우리 사회에서는 자기 분야에 해박한 지식과 탁월한 업적을 지닌 사람이 핵심 인재로 인정받는다. 각자가 능력이 있다고 따로 논다면 조직의 시너지 효과는 꿈도 꿀 수 없다.

팀이라면 팀워크가 있어야 하지 않겠는가? 팀워크를 만드는 사람은 리더이다.

구성원들이 신뢰감 속에서 창의적이며 재미있게 일할 수 있는 분위기를 조성해서 기업에 애착하고 몰입하게 해주는 것이 기업 경쟁력을 확보하는데 효율적이라는 사실을 새삼 깨달아야 한다.

분위기 조성은 무엇으로 해야 되는가?

최근 미국에서 직장인들을 대상으로 근무하기 좋은 기업의 조건을 조사한 결과, 마음 터놓고 일할 수 있는 근무환경이 가장 중요한 요소로 꼽혔다고 한다.

다행히도 국내의 몇몇 기업들도 '한마음 칭찬경영', '재미있는 회사생활을 위한 실천방안' 등의 프로그램을 선보이며 사원들이 의욕적으로 일할 수 있도록 활기찬 조직문화를 조성하는데 관심을 기울이고 있다고 한다.

리더의 인정과 보상이 철저하면 구성원들은 보다 회사와 일에 애착을 갖고 더 낳은 성과를 올리려고 한다.

물질적인 보상은 효과적이지만, 반복되면 보상이 아닌 당연한 것으로 여기게 된다.

가장 확실한 인정과 보상은 '칭찬' 이다.

"사람은 칭찬을 먹고사는 동물이다."
"칭찬은 희망을 낳는다."

 생각의 샘

말은 사람의 기를 살리기도 하고 죽이기도 한다. 조직 속의 대화에는 삶이 보여야 한다. 조직은 죽은 조직이 아니라 살아 있는 조직이어야 한다. 생명이 넘치는 대화 속에 새로운 창조가 일어난다.

리더십은 영향력이다

02

리더십은 리더가 조직목표 달성을 위해서 하급자들의 자발적 참여를 추구할 때 발생한다.

– 슈리스하임(경영학자) –

우리는 조직과 관계를 맺으며 살고 있다

당신이 직장인이라면, 현재 어떤 조직이나 집단을 이끌어
나가는 리더이거나, 아니면 리더가 될 가능성을 가진 사람이다.
비록 공식적인 리더가 아니라도 일과 관련해서 부분적으로
리더의 역할을 수행하고 있을 것이다.
효과적인 리더십을 생각하기 전에 오늘날까지 자신이 걸어온
길을 내일을 위해서 돌아다보라!

한 나라에는 공적이든 사적이든 공공기관 · 학교 · 기업 등 수많은 조직들이 존재하고 있다.

우리 중에 누구라도 어떤 특정 조직들과 관계를 맺지 않은 사람은 아마 없을 것 같다.

로마제국의 황제로서 오현제에 속하며 철학자로서 명망이 높았던 마르쿠스 아우렐리우스는 그의 『명상록』 제1권에서 할아버지부터 주변 사람들, 심지어 일면식도 없는 학자 연구원에 이르기까지 여러 가지를 배웠음을 밝히며 영향을 준 사람을 칭송하고 있다.

우리도 출생해서 오늘날의 '나' 가 있기까지 수많은 리더의 도움을 받았을 것이다. 부모님을 위시해서 초 · 중 · 고의 선생님들, 대학의 은사, 군대의 지휘관, 직장의 상사들이 '나'를 이끌어 주고 영향을 주었을 것이다. 간접적으로 국가 지도자들의 영향도 받았을 것이다.

이제 '나' 도 리더로서 남을 이끌어야 할 상황에 와 있다.

대부분 성인이 되면, 인생의 황금기 동안 직장이라는 조직에 자리를 얻어 일하며 삶을 산다.

여기서 조직과 개인의 목표가 만나게 되고, 서로에 대한 평가와 자리매김이 이루어진다.

대개 조직은 여러 부서(部署)나 팀(team)과 같은 집단으로 이루어진다.

조직이나 집단에는 '나' 를 비롯하여, 연령 · 성별 · 성격이

각기 다른 상사 · 동료 · 부하들이 어우러져 있으며, 서로가 일(직무)로 연결되어 있다.

이런 관계에서, 리더의 지시에 따라 과업을 수행하며 때로는 조직 내의 인간관계로 고민하기도 하고, 목표에 도전해서 좌절과 실패를 맛보기도 하며, 때로는 성공과 희열을 경험하기도 한다.

점차 조직생활의 연륜이 더해지면서 인정을 받으면 사회적 지위가 올라가 관리자 내지 장(長 : head)이라는 리더십을 발휘할 수 있는 위치에 서게 된다.

일단 리더가 될 위치에 오르면, 시키는 대로 하는 사람이 아니라 시키는 사람이 된다.

리더가 되면 세세한 일보다는 일의 흐름을 파악하고 사람을 다루는 일에 더 치중해야 한다.

리더십, 조직의 운명을 좌우한다

곰곰이 생각해 보라!

당신이 맡고 있는 조직이나 집단이 목표를 달성하고 있는가?

만약, 목표를 달성하지 못하고 있다면 그 원인은 무엇인가?

리더십 때문은 아닌가?

역사를 배운 사람이라면, 나라나 조직이나 집단은 리더와 구성원이 어떻게 하느냐에 따라 흥망성쇠가 달려 있다는 것을 모르는 사람은 없으리라.

어느 시대나 문제가 있고 사람들은 이를 해결해 줄 유능한 리더를 갈망한다.

"대통령의 리더십 때문에 나라 경제가 이 모양이야!"

"우리 사장의 리더십 때문에 IMF 위기를 잘 넘겼어!"

"그 분은 실력이 있지만 카리스마가 부족해!"

"이 국면을 돌파하기 위해서는 우리에게 새로운 리더십이 필요하다!"

으레 사람들은 문제점을 화제로 삼으면 자연스럽게 문제와 관련된 조직의 리더의 리더십에 관한 평가가 나오기 마련이다.

기업이 잘못되면 1차적인 도마 위에 오르는 사람은 CEO란 리더이다. 그리고 그의 리더십이 잘못되었기 때문이라고 한다.

나라도 마찬가지이다. 나라에 큰 문제가 생기면 먼저 대통령의 리더십부터 도마 위에 오르게 된다.

IMF 위기를 거치면서 구조조정이나 서열파괴로 인해 얼마나 많은 장(長)들이 자리를 물러났는가?

그 후로부터는 입사하면 장기 근속할 수 있었던 시대는 이미 전설이 되어버리고 직장은 이젠 서바이벌(생존)의 무대가 되어버렸다.

능력만이 살아 남는 비결이 되고 있는 것이다. 장의 능력은 리더십이다. 무능한 장은 '사오정'이 되어버린다.

리더는 선수단이나 기업을 막론하고 조직의 성과를 좌우하는 중요한 역할을 한다. 훌륭한 리더는 개별 조직원의 힘을 하나로 결집해 팀워크를 강화시킨다.

응집력 내지 조직력이라고 표현하듯이 구성원들의 협력을 통해서 발휘되는 힘은 아무리 뛰어난 능력의 소유자라도 이기기 어렵다.

탁월한 리더십은 어떤 조직을 크게 발전시키고 성공 신화가 된다.

회사나 조직의 정기 인사철이 되면 임원으로 승진되는 사람들의 면면을 보게 된다. 대개 목표를 달성하여 조직에 크게 기여한 것으로 평가받는 사람이다.

그 이면에는 소속원들에게 효과적인 리더십을 발휘한 응분의 보상이라는 뜻이 담겨져 있다.

피들러라는 학자에 의하면 훌륭한 리더십은 집단과 조직의 성공을 가져오고, 나쁜 리더십은 실패를 가져온다고 하였다.

베니스는 기업과 같은 조직이 21세기에 살아 남기 위해서는 관리자가 아니라 조직 각 계층에서 리더가 필요하다고 역설한 바 있다.

자발적으로 따르게 하는 리더십

리더인 당신은 리더십이 무엇이라고 생각하는가?
구성원들을 권한으로 일을 시키지 않았는가?
당신의 조직은 효율적으로 운영되고 있는가?

요즘에는 가정에도 리더십이란 용어를 사용해서, 가정이나 자녀교육과 관련하여 아빠리더십 또는 엄마리더십이란 말까지 나오고 있다.

또한 '대통령 리더십', 'CEO리더십', '여성 리더십'이라는 신조어가 생겨나는 것을 보면, 이제는 리더십이란 용어는 일상용어가 되어버렸다.

우리가 리더십을 생각할 때 유의해야 할 점이 있다.

리더나 구성원은 인격적으로 대등하며, 다만 능력과 역할상의 차이가 있을 뿐이라는 점이다.

따라서 구성원을 절대복종하는 하인(?)으로 여기거나 구성원에게 따라오지 않는다고 강제력을 행사하는 것은 이미 리더십이 아니다. 이런 관점에서 리더십이 출발되어야 한다.

실패하는 리더는 직원을 무시하고 단순히 시키는 대로 하는 '기계적 사람'으로 대하기 때문에 그들의 이야기를 듣지 않고 일방적으로 밀어붙인다.

그러면, 우리가 발휘해야 할 리더십은 과연 무엇일까?

이에 대해 시대마다 학자마다 견해 차이가 다소 있지만, 다음과 같이 보는 것이 일반적이다.

"어떤 목적을 달성하기 위해서 구성원들에게 영향력을 행사하는 과정이다."

사람을 어떤 일을 하게 하는 방법으로는 계약을 맺거나 법이나 규정에 의해 하는 방법도 있다.

이 방법들은 행위자가 자발적으로 하는 것이 아니며 시키는 일을 하게 할뿐이다. 따라서 능률이나 창의적 행동을 기대하기 어렵다.

리더십은 구성원의 자발적 추종을 전제로 한다.

리더십은 구성원이 리더의 말을 마음으로 받아들이고 일에 몰입(沒入)하게 하는 영향력이다.

리더십이라고 하면 윗사람이 아랫사람을 리드하는 것만을 생각하기 쉬우나, 상사나 동료나 조직 밖의 사람에게도 영향을 미치는 것도 포함된다.

또한, 이해관계를 달리하는 집단이나 일반 대중에 대해서도 리더십을 발휘해야 할 경우가 있다.

리더십은 분명히 사람과 사람의 관계에서 발생되는 것이지만, 보다 문제가 되는 것은 '어떻게 영향력을 행사하는가?' 내지 '어떻게 해야만 구성원인 사람을 움직일 수 있느냐?' 가 아닐까 싶다.

왜냐하면 각기 다른 가치관 내지 태도와 감정을 지닌 구성원들을 한 뜻으로 모아 일을 하게 해야 하기 때문이다. 그래서 사람을 움직이게 하는 힘이 필요하다.

효율적인 리더십은 참됨, 단호함, 집중력, 대인관계, 강하면서도 부드럽게 사람을 다루는 기술, 의사소통, 진취성 등 자신만의 스타일과 함께 전 직원이 공유하고 실천하는 명확하고도 압도하는 비전이 겸비되었을 때 발휘된다.

리더십은 사람을 키우는 것이다

우리는 리더만을 기억하기 쉽다. 과감한 결단력으로 구조조정을 하고 경영혁신을 이루어낸, 신화 속의 주인공은 늘 리더이기 때문이다.

그러나 조직의 빛나는 성공 뒤에는 리더만 있는 것이 아니다. 리더를 떠받치는 팔로어(follower), 즉 추종자인 구성원들이 있다.

리더와 구성원은 구성원이 달성해야 할 목표와 과제를 함께 구상하며, 커뮤니케이션과 피드백을 통해 업무를 추진해야 한다.

한편으로 리더의 지도를 받은 구성원들은 리더의 모습과 행동을 학습하면서 계속 성장하기 때문에 점차 많은 책임과

업무를 감당하는 능력이 생기며 리더의 참모 내지 전도자가
된다.

그들은 조직이 발전하고 세월이 흐르면 새로운 리더로 탄
생한다.

여기에다 초점을 맞춘 리더십이론이 이른바 슈퍼 리더십
(Super Leadership) 이론이다.

슈퍼 리더는 비전과 목표를 설정하고 변화를 관리하고 촉
진시키며 '할 수 있다'는 자신감을 심어주며 건설적이고 합
당한 꾸지람을 하며 훌륭한 리더로 육성한다.

적절한 칭찬은 셀프 리더로서 역량을 발휘하게 하는 촉진
제 역할을 한다.

리더십의 원천은 신뢰이다

당신은 구성원으로부터 신뢰를 받고 있는가?
약속한 것은 반드시 지키는가?
부하직원에게 책임전가를 하지 않는가?

리더의 조건이나 자질에 대한 논의는 다양하게 이루어지고 있다.

국민의 신망을 받는 정치가, 대중의 영웅, 전쟁을 승리로 이끈 장군, 심지어는 야구나 축구 같은 스포츠 감독에 이르기까지 다양한 이야기가 즐비하다.

독특한 개성이나 인간적 매력에서 시작해서 조직의 의견일치를 도출하는 스타일, 부하의 사기를 앙양하는 방법, 성패의 갈림길에서 보여주는 대담한 결단력 등등이 흥미진진한 일화로서 거론되기도 한다.

리더가 지녀야 할 자질로 비전, 전략, 용기, 통솔력, 포용력, 겸손, 청렴, 신뢰 등 여러 가지를 들 수 있다.

이 모든 것을 겸비한 리더를 찾기는 사실상 불가능하다. 이 중에서 몇 가지만이라도 겸비한 리더를 찾는 일도 결코 쉬운 일이 아니다.

그러나 최소한 신뢰받을 수 있는 사람이어야 한다는 것은 자명하다. 리더를 믿기에 심지어 목숨까지 내던지는 추종자의 모습을 위인전과 같은 책에서 읽을 수 있다.

어느 조직을 막론하고 훌륭한 리더는 구성원들로부터 높은 신뢰를 받아 왔다. 구성원들과의 신뢰를 소홀히 하면서 훌륭한 리더로 성장한 사람은 단 한 명도 없다.

신뢰란 두 사람과의 관계에서 한 사람이 다른 사람의 행동을 믿고 따를 때 형성된다.

영어에서 신뢰를 뜻하는 트러스트(trust)는 독일어인 트로스트(trost)에서 비롯된 말로 트로스트는 편안함(comfort)을 상징한다. 상대방을 신뢰한다는 것은 상대방을 대하는 것이 편안하다는 뜻을 내포하고 있다.

그래서 신뢰가 높을수록 상대방을 편안하게 느끼기 때문에 상호간에 커뮤니케이션도 솔직하고 활발해진다. 상하간의 관계에서 신뢰를 높인다는 것은 편안함의 정도를 높인다는 뜻이다.

일반적으로 효과적인 리더십을 발휘하기 위해서는 먼저 리더와 조직원간에 신뢰가 전제되어야 한다.

즉 조직원은 리더를 따르면 성공 가능성이 높다는 믿음과 리더가 조직을 위해 열심히 뛰고 있다는 신뢰가 전제되어야 한다.

리더도 조직원이 목표하는 성과를 이룰 수 있다는 기대감과 자신감을 가져야 한다.

리더가 져야 할 책임을 구성원에게 전가하거나, 정책의 일관성이 없거나, 공정성 등을 잃으면 구성원은 리더를 믿지 않게 된다.

신뢰가 발전되어 지지로 나타나면 리더십은 효과적으로 발휘된 것이 된다. 국민의 지지를 받은 리더는 국가의 최고 지도자가 되지 않는가?

생각의 샘

발타자르 그라시안이 쓴 『세상의 지혜』라는 책에 이런 말이 있다.

"자기 자신을 파악하라. 아무도 자신을 파악하지 않고는 자신의 주인이 될 수 없다. 무슨 일을 하기 위해서는 자신의 능력과 분별력, 자신의 섬세함을 파악하라. 거래에 들어가기 전에 자신의 용기를 시험하라. 자신의 깊이가 어떤지 알아보고 모든 일을 감당할 자신의 능력이 어느 정도인지 탐지하라"

리더십, 어떻게 발휘해야 되는가?

03

리더십은 기계적으로 조직의 일상적 명령을 수행하는 것 이상의 결과를 가져올 수 있게 하는 영향력이다.　　　　　－ 카츠(경영학자) －

장이라고 해서 리더는 아니다

당신이 사장 · 부장 · 과장 등과 같이 장(長)의 자리에

앉아 있다고 하자.

그렇다면 당연히 리더가 되는 것일까?

　장의 명령을 하급자들이 수행한다고 해서 그 장이 반드시 리더십이 있다고 말할 수는 없다. 누가 장이 되든 직무상 권한이 있기 때문이다.

그러나 장의 자리에 있으면, 리더십을 발휘하기 쉬운 것은 부인할 수 없다. 실제로 직위가 영향력을 갖기 때문이다.

직무상 권한으로 사람으로 하여금 일을 하게는 할 수 있지만, 불가능을 가능으로 그리고 목표를 초과 달성하는 기적이 나타날 수 없다.

리더는 지위와 역할에 따라 리더십의 내용이 정해지고 점차 발전하여 영향력을 확대하게 된다.

데이비드 와이드먼에 의하면 리더는 다음의 4단계를 거치면서 발전한다고 한다. 이는 마치 조직에서 대리 · 과장 · 부장 · 이사 · 사장으로 성장하는 것과 유사하다.

- 개인적인 공헌자(Individual Contributor)
- 주변 사람들의 리더(Leader of People)
- 리더의 리더(Leader of Leader)
- 산업의 리더(Leader of Industry)

처음 단계는 '개인적인 공헌자' 단계다. 기업가 정신이 풍부한 모든 리더들도 초기에는 다른 사람들을 도와주는 것에서 출발한다.

두 번째 단계는 '주변 사람들의 리더' 단계다. 전문지식을 확보하고 개인 역량을 강화함으로써 주변 사람들을 자연스럽게 이끌어 가는 리더가 되는 단계다.

세 번째 단계는 '리더의 리더'가 되는 단계다. 지속적인 성과 창출, 타인에 대한 동기부여, 한 기업의 효과적 운영 등이 가능한 리더들이다.

마지막 네 번째 단계는 '산업의 리더'가 되는 것이다. 리더의 최종적인 단계로 자사뿐만 아니라 직원, 고객, 파트너, 주주, 사회 등을 고려하는 범산업적 리더가 되는 것이다.

현대 경영의 귀재로 추앙 받고 있는 GE사의 잭 웰치 전 회장은 대대적인 개혁을 추구하면서 관리자가 아닌 리더 양성에 초점을 맞춰 기업혁신을 성공시킨 예로 유명하다.

구성원에 맞게 리드해야 한다

리더인 당신은 소속원들을 자발적으로 따라오게 하기 위해서 어떻게 행동하여 왔는가?

즉 당신의 리더십 스타일은 ?

세제와 화장지 등 생활용품 업체인 한국 피앤지(P&G)에서는 직원들에게 "훌륭한 리더가 되려면 상대에 따라 다른 리더십을 발휘해야 한다."면서 사람을 세 분류로 나누는 이른바 '3A' 방식을 가르친다고 한다.

우선 '잘하고 있는(can) 사람', '잘할 수 있는(could) 사람', '자발적으로 하지 않는(wouldn't) 사람'으로 나눈다고 한다.

그런 다음에 '잘하고 있는 사람'은 지나친 간섭을 피하고 (Allow), '잘할 수 있는 사람'은 곁에서 거들어주고(Assist), '자발적으로 하지 않는 사람'은 해야 할 일을 구체적으로 정해준 뒤 강제하라(Assert)고 한다.

이와 유사한 이론이 있는데, 구체적으로 하급자의 특성에 따라 환경적 요인에 따라 로버트 하우스 교수는 다음의 네 가지 리더십 스타일을 적절히 사용해야 한다고 했다.

즉 사람에 따라 그에 알맞게 리드해야 한다는 것이다.

지시적 리더십

리더는 부하에게 기대하고 있는 것을 알려주고 구체적으로 지시하여 부하의 질문에 답한다. 그러나 부하의 제언을 강요하지 않는다.

이를 사용할 경우 과업능력이 낮은 하급자들에게는 긍정적으로 작용하나, 비교적 능력이 높은 사람에게는 부정적으로 작용한다.

후원적 리더십

리더는 부하의 복지와 안녕에 대해 진실한 관심을 보이고, 우호적 분위기 조성과 작업 집단의 만족을 위해 노력한다.

과업이 어렵고 하급자가 자신감이 없거나 실패할 것을 크

게 두려워하는 경우, 이 리더십은 불안감을 덜어주고 그들의
자신감과 결의를 북돋워 줄 수 있다.

참여적 리더십

리더는 부하에게 정보를 요구하고 그들의 아이디어를 공유
할 것을 권유한다. 리더는 의사 결정 과정에서 의견이나 제안
을 참작한다.

하급자들이 높은 자율욕구와 성취욕구를 갖고 있는 경우,
이 리더십은 그들의 만족도와 동기를 높여준다.

성취 지향적 리더십

리더는 결과 지향적이고도 도전적인 목표를 설정하고 그
목표를 달성할 수 있는 부하들의 능력에 대해 확신을 나타내
보인다. 목표달성에 대한 책임은 부하들에게 있다.

애매하고 반복적이지 않은 과업을 수행하는 하급자들에게
이 리더십을 사용하면 그들의 자신감과 동기를 높여준다.

최근에는 더 나아가, 하급자들이 스스로 리드할 수 있도록
돕는 리더십인 슈퍼 리더십이나, 리더는 먼저 종이 되어야 한
다는 섬기는 리더십(Servant Leadership)까지 주창되고 있
다.

리더가 갖추어야 할 스킬은?

지금 당신이 중점을 두고 개발해야 할 스킬은 무엇이라고 생각하는가?

일반적으로, 평직원에서부터 최고 경영자에 이르기까지 직장인에게 요구되는 기술로서 세 가지를 든다.

첫째로, '전문적 기술'이 필요한데, 이는 특정의 임무수행을 위하여 그 임무에 필요한 지식이나 방법, 테크닉, 장비 등을 사용하는 것을 말한다.

둘째로, '인간관계 기술'이 요구되는데, 이는 효과적으로 리더십을 발휘하고 상·하급자 및 동료들과 원활한 커뮤니케이션을 할 수 있는 능력을 말한다.

셋째로, '개념화 기술'이 요구되는데, 조직에서 일어나는 여러 가지 구체적이고 복잡한 정보, 사건, 현상들을 추상화하여 일정한 개념의 틀에 따라 이해할 수 있는 능력을 뜻한다.

이 세 가지 기술은 조직 내에서 개인이 어떤 계층에 있느냐에 따라 요구되는 능력의 비중이 다르다.

하부 관리자에게는 자신의 구성원들에게 장비를 다루는 법이나 제품을 효과적으로 만드는 방법 등을 알려주어야 하기 때문에 전문적 기술이 매우 중요하다.

하부 관리자에게 필수적인 전문적 기술은 최고 경영자에게 그다지 중요하지 않고 오히려 더 요구되는 것은 조직 전체의 목표에 따라 의사결정을 할 때 필요한 개념화 기술이다.

또한 인간관계 기술은 최고 경영자나 하부 관리자들에게도 필요하지만, 하급자들을 다루고 여러 부서를 조정해야 하는 중간 관리층에서도 많이 요구되는 기술이다.

최근 삼성인력개발원이 바둑기량의 품격을 아홉 단계로 나눠 단계별로 운치 있게 이름을 부여한 '위기구품(圍棋九品)을 통해 배우는 리더십 교훈'이라는 제목의 임원 교육자료를 배포했다.

여기에는 리더가 자신의 위치에서 어디에 주안점을 두어야 할지가 시사되어 있어 주목할 만하다.

이 보고서에서 경영자의 수준을 프로바둑의 단으로 비교, 최고 경영자는 경쟁력과 리더십에서 적어도 7단 이상 경지에 올라야 한다고 지적했다.

사원은 바둑 1~3단, 간부는 4~6단, 경영자는 7~9단의 경지에 다다라야 한다고 한다.

예컨대 7단을 일컫는 구체(具體)의 경우 전문가적 식견을 갖추고 매사에 당황함이 없이 마음의 평정을 유지하면서 조화와 중용의 정신을 실천할 줄 아는 리더십이라고 정의했다.

또 8단인 좌조(坐照)는 바둑의 모든 섭리를 터득한 단계인데, 경영자라면 경영환경의 변화를 통해 미래를 내다보고 준비하며 뒤쫓아가기보다 길목을 지키는 한 차원 높은 혜안의 리더십을 갖춰야 한다는 것이다.

특히 9단인 입신(入神 : 승부의 허무까지를 초월한 신의 경지에 도달한 단계)의 경우 의사결정이나 판단이 일반인의 상상을 뛰어넘는 절대적 리더십이라고 해석하고, 경영자 스스로 과연 몇 단 수준의 리더십을 소유하고 있는 지 점검할 것을 제안했다. 요컨대 위로 올라갈수록 리더는 자그마한 일에 구애받지 않고 넓은 시야로 전체를 보고 냉정한 판단을 하도록 노력해야 할 것이다.

리더는 커뮤니케이션 스킬이 뛰어나야 한다

경영(관리)의 모든 과정에는 직·간접적으로 커뮤니케이션이 개입된다.

계획을 수립하거나 조직을 구성할 때, 비전이나 지시를 하거나 통제를 할 때 기본이 되는 것이 커뮤니케이션이다. 특히 구성원들을 자발적으로 움직이게 하는 리더십 발휘에서는 커뮤니케이션은 무엇보다도 중요하다.

일반적으로 리더십은 조직 목표의 달성을 위해서 조직원들을 자발적으로 따라오게 하기 위하여 다음과 같은 행위를 해야 한다고 한다.

- 변화시킨다(transform)

- 새롭게 한다(renew)

- 힘을 준다(energize)

- 영감을 준다(inspire)

구성원들과 대화를 통해, 회의를 통해 구성원들을 설득하여 변화시키고 새롭게 하며 힘을 주고 영감을 주어야 한다.

따라서 효과적으로 리더십을 발휘하려면 설득력이 뛰어난 커뮤니케이션 스킬을 갖추어야 한다.

효과적인 커뮤니케이션을 위해서 일단 그들과 인간 대 인간으로 1대1 관계를 맺어야 한다. 상급자, 동료, 직원들의 다양한 요구와 흥미, 선호도, 의사소통 방식에 맞출 필요가 있다.

사람의 마음을 사로잡는 말을 만들고 찾아낼 수 있는 것은 리더십 조건의 하나이다. 신선한 언어구사력으로 리더십을 발휘하라!

 생각의 샘

인간 사회에서 인간관계를 생각하는 것은 더불어 사는 사회가 되어야 하기 때문이다. 사람들은 기본적으로 이기적 성향을 가지고 있다. 자기만 생각하는 이기적인 삶을 산다면 결코 편하게 살 수 없다. 더불어 살려고 하는 것, 그것이 리더의 비전이 아닌가 한다.

리더의 커뮤니케이션 원칙 10가지

04

행동하기 전에 생각을 해야 하고, 입을 열기 전에 할 말을 골라야 한다.
臨行而思, 臨言而擇   - 왕안석(중국의 정치가) -

커뮤니케이션은 경영의 수단이다

당신의 일과 중 커뮤니케이션이 차지하는 비중은 어느 정도인가?
당신의 커뮤니케이션 능력은 어느 정도인가?

열정적 삶, 이것이 리더의 삶이다.

리더는 자기 일과 비전 달성에 미쳐야 한다. 미친다는 것은 열정을 가지고 몰입하는 것이라고 할 수 있다.

그래서 어디서나 비전을 얘기하고 이를 이해시키고 설득해서 동참하도록 요구해야 한다.

말 한 마디 한 마디마다 신념이 실려 있고 눈에는 정열이 타올라야 한다.

기업의 리더의 경우 기업은 이익추구의 집단이지만 사람이 주가 되어 움직이는 집단이므로 기업경영은 사람경영이라고 인식하고, 기업의 목표달성을 위해 고객과 직원을 움직이게 하려면 커뮤니케이션에 능해야만 한다.

미국의 한 경영대학원 연구보고서에 의하면, 경영능력은 물론이고 간부 - 직원간 커뮤니케이션기법도 함께 보유한 경우에 직무만족과 그룹의 결속력을 다짐으로써 더욱 성공할 수 있다고 한다.

또한 커뮤니케이션은 말과 문자로 이루어지는데, CEO는 활동시간의 60% 정도를 말하기와 듣기에 소요한다. 이렇게 본다면 CEO의 말하기, 즉 스피치는 경영의 중요한 수단이 된다고 하겠다.

효과적인 10대 원칙

리더는 먼저, 자기가 가지고 있는 지도이념 내지 비전을 단순하고 명쾌한 슬로건으로 요약하고, 자신의 모든 생활을 그것으로 설명할 수 있도록 언행이 일치되어야 한다.

리더가 진정한 리더십을 발휘하기란 쉬운 일이 아니다. 하지만 능력 있는 리더라면 믿고 따르는 사람들에게 비전과 야망을 분명히 밝히고, 그들의 가치관을 변화시키려 노력해야 한다. 또한 불필요한 대립은 피하지만 조직의 근본적인 갈등 요소를 공개적으로 밝혀내 토론과 대화로 긍정적인 결론을 끌어내야만 한다. 그러면 그 리더가 맡고 있는 조직은 나날이 번창하게 될 것이다.

조직의 비전을 제시할 수 있어야 한다

리더는 전체적인 그림을 보고 의사결정을 하고 행동에 나서야 한다.

리더는 비전과 목표를 결정하는 책임자이지만, 그 비전을 실행에 옮기는 사람은 직원들이다. 그리고 직원들이 변화의 필요성과 기업이 나아갈 목표를 제대로 인식해야만 효과적으로 조직의 목표를 달성할 수 있다.

따라서 리더는 신년사나 창립기념일 행사의 스피치는 물론이고 기회가 있을 때마다 조직의 비전을 제시하거나 주지시키는 설득 스피치를 해야 한다.

구성원의 자발적 참여를 유도할 수 있어야 한다

사람이 억지로 움직이는 것과 자발적으로 움직이는 것에는 큰 차이가 있다. 자발적으로 움직여야 좋은 아이디어가 나온다. 좋은 아이디어는 원가 절감을 할 수 있고 신상품을 개발하는 원천이 된다.

직원들을 자발적으로 움직이게 하려면 동기부여를 해야 한다. 효과적인 동기부여를 통해 조직과 일에 애착을 갖게 하여 새로운 업적을 만들어 내야 한다.

노고를 치하하고 잘못된 점을 예리하게 지적한다

자기 주장이 강하고 단결력이 부족한 신세대가 점차 젊은 사원들의 주류를 이루고 있다. 그렇다고 해서 그들의 주장을 모두 받아들여서는 조직의 운영이 안 된다.

예로부터 조직의 규율을 바로잡는 신상필벌(信賞必罰)이 퇴색되어서는 운영이 제대로 될 수 없다.

효과적으로 칭찬하는 법 및 질책하는 법을 터득하여 리더는 "정말로 잘했다."고 노고를 치하하고 "이렇게 해서는 안 된다."고 잘못을 지적하는 말을 적절히 구사함으로써 조직을 장악하여야 한다.

결정된 정책은 강력하게 주장한다

모든 일에는 긍정적인 의견과 부정적인 의견이 있다.

'구조조정'과 같은 조직을 흔드는 정책을 추진함에 있어서, 기업의 안팎으로 많은 장애물과 난관이 없을 수는 없고 인력감축과 같은 조치는 인간적인 갈등까지 느끼게 한다.

그러나 조직 전체와 미래를 위하여 결정된 정책을 밀고 나가는 것은 리더의 행동력이요, 추진력이다.

회의 등 공식석상의 스피치를 통하여 결정된 정책이 확고함을 알리고 강조함으로써 그 당위성을 주지시키고 나서 행동에 옮겨야 한다.

맹렬하고 강한 이미지를 부각시킨다

일반 사원들은 리더를 범접할 수 없는 존재로 생각하고 일거수 일투족에 관심을 기울이며, 어느새 리더의 행동을 닮아간다.

"맹장 밑에는 약졸이 없다."는 말과 같이 리더가 몸과 말로 정열적인 추진력을 보여준다면 그 기업은 강한 기업문화를 갖게 된다.

평소에 업무 추진을 하거나 각 부서나 지사를 방문할 때에는 이미지 관리를 하면서 정열적으로 행동하고 강한 이미지를 부각시킨다.

끝까지 책임을 진다는 표현을 한다

그러나 무엇보다도 리더십은 사람과 사람 사이의 신뢰를 근간으로 한 것이어야 한다.

리더는 책임자이므로 책임을 회피할 수 없고 모든 책임을 져야 한다.

정책이 결정된다면 그 실패의 가능성도 있기 마련이다. 사안이 중대하고 자신이 끝까지 책임진다는 배수진을 쳐 놓음으로써 직원들이 최선을 다할 수 있도록 한다.

그래야만 직원들의 깊은 신뢰를 가져오고 목표를 향해 돌진할 수 있는 힘을 얻을 수가 있다.

구성원의 심리를 파악한다

기업은 학교가 아니다. 단지 우리가 해야 된다는 정보 제공만으로는 기업의 목표달성이 어렵다. 또한 경쟁이 극심한 환경하에서 기업의 목표달성은 쉽지가 않고 직원들이 힘들어하고 좌절하기도 한다.

리더는 직원들의 심리 상태나 의식 구조를 예리하게 파악하여 그에 맞는 설득 기법을 활용하여 격려하고 목표달성을 추진하는 힘을 불어넣도록 한다.

구성원 개인을 대할 때에는 인간성을 고려한다

리더가 간부를 제외한 일반 직원을 직접 대하는 경우는 드물다. 하지만 리더를 만난 일반 직원들은 그 일을 결코 잊지 않으며 따뜻하게 해준 말을 사내에 전파시키며 자랑까지 한다.

개인을 접하게 될 경우, 인간적인 따뜻한 말로 감복시켜 보이지 않은 전위병(?)을 만든다.

구성원 다수를 대상으로 연설할 때에는 공감하도록 만든다

우리나라의 일부 리더들은 격식을 중요시해서 단조로운 톤으로 스피치를 한다. 이러한 스피치는 직원들에게 듣는 척하지만 '어차피 들어야만 하니까' 하는 생각만 들게 하고 머릿속으로는 딴 생각만 하게 만든다.

리더의 의지를 직원 개개인에게 심어주고 그들이 공감하고 행동화할 수 있도록 설득하기 위해서는 생동감이 있는 어조와 표현을 사용함은 물론 스피치를 드라마틱하게 연출하여야 한다.

참모들을 오피니언 리더로 적극 활용한다

목표를 달성하기 위해서는 사내에 커뮤니케이션 장애물이 있어서는 안 된다. 커뮤니케이션은 여러 사람을 거칠수록 왜곡되기가 쉽다.

참모들이 물론 리더의 정책을 집행하는 것은 아니지만, 한 걸음 나아가 정책의 전도사로서 활약하게 만들어야 조직 활성화를 배가시킬 수 있다.

참모들에게 직원과의 커뮤니케이션 목표를 할당하여 의견을 수렴하고 정책을 사원에게 주지시키는 역할을 하도록 한다.

간부나 참모를 통한 커뮤니케이션은 아래로 내려갈수록 희석되는 경우가 있으므로 적절한 시기에 직접 전 직원을 상대로 자신의 의견을 피력하는 것도 좋다.

생각의 샘

언어학자에 따르면 우리가 지금 사용하고 있는 말 가운데 사람과 사랑과 삶이라는 말의 어원은 모두 몽고어의 '사트(sat)'에서 출발한다고 한다. 즉 사람·사랑·삶이 분리된 것이 아니라 서로 연관되어 있다는 것이다.

리더의 커뮤니케이션 원칙 10 가지

1 조직의 비전을 제시할 수 있어야 한다.

2 구성원의 자발적 참여를 유도할 수 있어야 한다.

3 노고를 치하하고 잘못된 점을 예리하게 지적한다.

4 결정된 정책은 강력하게 주장한다.

5 맹렬하고 강한 이미지를 부각시킨다.

6 끝까지 책임을 진다는 표현을 한다.

7 구성원의 심리를 파악한다.

8 구성원 개인을 대할 때에는 인간성을 고려한다.

9 구성원 다수를 대상으로 연설할 때에는 공감하도록 만든다.

10 참모들을 오피니언 리더로 적극 활용한다.

02

02

칭찬리더십의 원칙

인정은 칭찬에서부터 시작한다 | 칭찬 리더십

칭찬리더십,
사람대접 하자는 것이다

01

너희 중에 누구든지 크게 되고 싶은 사람은 남을 섬기는 사람이 되어야 하고 으뜸이 되고 싶은 사람은 모든 사람의 종이 되어야 한다. - 마가복음 -

인간관계는 상대적이다

당신은 편견을 가지고 직원들을 대하지 않는가?
가끔 부하직원의 입장에 서보는가?

인간관계에서 가장 문제되는 점이 편견이다. 사람의 생각을 소리로 나타낸 것이 말이다. 편견이 있으면 좋은 소리가 목구멍을 넘지 못한다.

다른 사람에 대한 인상을 형성할 때 우리의 감정 · 의견 ·

선입견 등이 작용하여 자주 오류가 발생하여 편견을 갖게 된다.

가정에서 부모가 어떤 자식을 편애할 때 그 가정에는 불화가 싹튼다. 조직의 관리자가 학연, 지연 등 편견을 가지고 사람을 대하면 부작용으로 파벌이 조성되어 조직 운영에 문제를 낳게 된다.

미워하고 무시하면 상대도 어렵지만 자신도 힘이 든다.

"가는 말이 고와야 오는 말이 곱지."라는 말을 생각해 보라! 인간관계는 서로가 서로에 대해 어떻게 대하느냐에 달려 있다.

조직에서도 마찬가지다. 리더십도 인간관계의 범주 내에 속한다. 상사가 부하를 긍정적으로 대할 때 부하도 상사를 긍정적으로 대하게 된다.

긍정적 관계에서만이 창의적인 아이디어가 나올 수 있는 분위기가 조성되며, 또한 구성원들이 조직에 몰입할 수 있다.

반대로 부하를 마치 자신의 수족인 양 부정적으로 보고 대하면 상사는 무의식적이고 일방적으로 밀어붙이게 된다. 그러면 부하도 부정적으로 대하며 뒤에서 험담을 늘어놓거나, 사보타주를 하게끔 만드는 결과를 낳게 된다. 이때는 일은 뒤로 밀리게 된다.

"누구를 평가하려면 먼저 그 사람의 신발을 신어보라."

위의 말은 인디언 속담이다. 남의 신발을 신는다는 것은 그 사람의 입장에 서보는 것이다.

리더는 가끔은 부하의 입장에서 자신을 돌아볼 필요가 있다.

칭찬리더십, 인간으로 돌아가자는 것이다

당신은 직원의 능력을 몇 %나 발휘하게 하는가?
직원들이 아이디어를 많이 제안하는가?

최근 학자들의 연구결과에 따르면, 자기효능감과 조직의 성과간에는 상당히 긍정적 관계가 있는 것으로 조사되고 있다.

또한 관리자와 리더의 역할 가운데 중요한 것은 하급자로 하여금 자기효능감을 발휘할 수 있도록 하는 것이라는 인식이 확산되고 있다.

하급자의 자기효능감을 키워줄 수 있는 방법은 많지만, 그 중에서 인간적인 것은 칭찬하는 커뮤니케이션이다. 그래서 필자는 감히 '칭찬리더십'을 들고 나온 것이다. 기업과 같은 이익을 목표로 하는 조직에서는 구성원을 인간적으로 보기 보다는 컴퓨터와 같은 기계적으로 보는 경향이 잠재하고 있다.

어느 조사 결과에 따르면 기업은 직원의 능력을 30%도 이용하지 못하고 있다고 한다. 여전히 시키는 데만 경영의 초점이 맞추어져 있기 때문이다.

직원들의 능력을 최고도로 발휘하게 하려면 먼저 패러다임을 바꾸어야 한다. 즉 구성원들을 다양한 능력을 갖고 있는 '인간'이며 리더인 나와 '역할' 차이뿐이라는 인식을 갖고 구성원들을 바라보고 대해야 한다.

생산적 사랑을 하자

당신은 당신이 몸담고 있는 조직을 사랑하고 있는가?
당신은 구성원들을 사랑하는가?

종교 지도자들만 아니라 역사에 남는 리더들은 인류애를 실천한 사람이다. 모든 사람이 더 살기 좋은 이상향을 제시하고 모든 사람을 그곳으로 인도하고자 했다.

리더는 구성원들을 사랑해야 한다. 부모가 자식을 사랑하듯이 교사가 학생을 사랑하듯이 구성원을 사랑하면 무엇이 안 되겠는가? 또한 자식 키우듯이 구성원을 성장시켜 보라!

그러려면 긍정보다 한 걸음 나아가 마음을 열고 사랑하라. 분명히 당신 조직은 무서운 힘을 발휘할 것이다. 심리학자인 에리히 프롬은 생산적 사랑을 주장한다.

생산적 사랑의 특징은 상대방에 대한 보호, 존중, 책임, 이해를 포함한다. 이 사랑은 숨기는 것이 아니라 개방하는 것이며 혼자서 마음속으로 하는 것이 아니라 타인에게 나타내어야 한다. 또한 사랑은 도움을 받는 것이 아니라 도움을 주는 것이며 특수한 것이 아니라 보편적인 것이어야 한다. 따라서 사랑을 표현하는 것도 하나의 기술이다. 왜냐하면 사랑의 표현이 잘못되면 때로는 상대방이 오해하고 상대방을 착각에 빠뜨리기 때문이다. 생산적 사랑은 동료들이 그들의 개성을 유지할 수 있는 자유롭고 평등한 인간관계를 포함한다.

생산적인 사랑을 하면 개인의 자아가 축소되기보다는 확장되고 인격과 능력을 완전히 펼치게 된다.

상사가 부하를 생산적으로 사랑하게 되면 부하를 신뢰하게 될 것이고, 부하가 상사를 생산적으로 사랑하게 되면 존경하는 마음으로 순응하게 될 것이며, 직장 내 동료 간에 생산적인 사랑을 하게 되면 서로 우정으로 화합하게 되므로 탁월한 팀워크를 가지게 된다.

이것이 리더십이 아니고 무엇이랴!

 생각의 샘

20세기는 관리하고 통제하는 데 초점이 있어 사람을 사물의 지위로 격하시켰다.
21세기 패러다임은 사람이 먼저고 사물은 그 다음이다. 리더십이 먼저고 관리는 그 다음이다.

리더십, 동기부여의 마술

02

리더십은 비전이요, 우렁찬 응원가요, 열정이다.

- 피터스와 오스틴 -

핵심자극을 가하라

당신의 직원은 자발적으로 하는가 아니면 시켜야 하는가?
당신은 직원의 동기부여를 위해 무엇을 하는가?

"평양감사도 제 싫으면 그만이다."

"말을 물가로 끌고 갈 수는 있어도, 물을 먹게 할 수는 없다."

이 속담처럼 아무리 좋은 비전을 제시하거나 여건을 조성해도 구성원들이 자발적으로 구체적인 행동을 하지 않는다면 조직은 목표를 달성할 수가 없다.

동기부여는 움직임, 즉 '행동'으로 표출되는 것을 의미한다는 점에서, 겉으로 드러나지 않는 태도와는 다르다.

공직사회의 이른바 복지부동(伏地不動) 현상도 동기부여와 리더십의 결여가 그 원인이라 할 수 있다.

기업이든 정부기관이든 다양하고 교육 수준이 높은 구성원들을 위협이나 강제에 의해 이끌어나가는 것이 현실적으로 어렵다.

따라서 성공적인 동기부여(motivation, 또는 동기유발)는 현대 기업이나 그 밖의 다른 조직의 경영자들이 갖는 최대현안이며 또한 리더십을 시험받는 문제요, 조직의 성패가 달려 있는 문제이다.

"그렇게 열심히 한다고 돈 더 주나?"

"대강대강 합시다!"

우리는 동기를 관찰할 수는 없지만 사람의 행동을 관찰함으로써, 그 사람의 동기를 추론할 수 있다.

개인 스스로가 성취감 내지 책임감 때문에 동기부여가 되는 것을 '내재적 동기부여'라고 한다.

성실하고 맡은 바에 대하여 열심히 일하는 것을 삶의 가치로 삼고 있는 사람은 그렇지 않은 사람보다 높은 동기수준을 유지한다.

그러나 매일같이 반복되는 생활을 하다보면 의욕이 떨어지기 마련이다.

이때 필요한 것이 외부적 자극이다. 외부적 자극에 의해 발생하는 것을 '외부적 동기부여' 라고 한다.

리더가 열심히 하라고 해도 구성원이 받아들이지 않으면 동기부여가 되지 않는다. 구성원이 매너리즘을 깰 정도가 되야 정신을 차린다.

외부적 자극은 정신을 바짝 차릴 만큼 강도가 있어야 하는데, 이를 핵심자극(key stimulus)이라고 한다.

칭찬 · 보상 · 충고 · 위협 등과 같은 핵심자극을 적절히 해주는 것이 바로 리더의 역할이다.

동기부여의 목표를 명확히 한다

바꾸어 생각하면, 동기부여는 어떤 목표에 대한 행동의 변화를 초래하도록 원인을 제공하는 것이다.

그러기 위해서는 리더나 경영자 · 관리자는 목표들을 분명히 설정해야 한다.

동기부여의 목표가 분명해야 그에 적합한 자극을 가할 수 있기 때문이다.

그 목표로서 생각할 수 있는 것은 다음과 같다.

- 일을 안 하려는 사람을 열심히 일하도록 만들려는 경우
- 일을 잘해온 사람을 더 잘하도록 또는 계속 잘하도록 만들려는 경우
- 구습에 얽매인 사람에게 새로운 것을 받아들이도록 원인을 제공하는 경우
- 어떤 물건을 더 많이 만들기 위해 노력하는 사람에게 더욱 질 좋은 물건을 만들도록 유도하는 경우
- 공식적으로 부여받은 임무는 아니지만, 조직이나 어떤 목적에 도움이 되는 일이라면 스스로 찾아 행하도록 만들려는 경우
- 경쟁에서 전의를 불태우도록 유도하려는 경우

행위를 유발, 지향, 지속시켜야 한다

리더는 구성원들에게 비전과 희망을 줌으로써 동기를 부여하기도 하고 적절히 목표에 이르는 길을 안내해주고 그들을 지원하고 참여시킴으로써 동기를 유발해야 한다.

- 바람직한 성과가 무엇인지를 명확히 한다.
- 바람직한 성과에 대해 구성원들을 보상하고 그 결정 과정을 공개한다.
- 도전적인 직무가 되도록 구성한다.

- 팀워크를 구축하고 서로 협동하도록 유도하기 위해 일부 보상을 집단성과와 연계시킨다.
- 면담, 설문조사 등을 통해 구성원의 능력과 동기수준을 모니터 한다.

그러나 리더가 집행하는 보상(승진·급여 등)이 적절치 못하거나 리더십의 부재는 오히려 마이너스가 된다.

경영자나 관리자와 같은 리더가 일정수준의 성과(또는 행동)에 대하여 외적 보상을 약속하였다면 반드시 그 약속을 지키는 것이 동기를 높이는 방법이 된다.

보상에는 외재적 보상과 내재적 보상이 있다. 외재적 보상은 돈·승진 등 직무 외적 보상이고, 내재적 보상은 직무 자체가 주는 즐거움과 의미(보람)를 뜻한다.

감정적 보상이 더 중요하다

기업의 관리자나 경영자들은 흔히 좋은 직원을 스카우트하고 이직률을 줄일 수 있는 가장 좋은 방법이 금전적 보상을 잘해주는 것이라고 착각하는 경향이 있다.

하지만 급여가 직원들에게 동기를 부여하고 업무 성과를 높이는 가장 효과 있는 수단으로 사용되는 시대는 이미 지나갔다.

직장인 대상의 조사에서도 이들은 '급여' 보다 '사내 인간 관계'를 가장 힘들어하고 또 중시하는 것으로 나타난다.

결국 조직원들의 업무 능률을 향상시킬 수 있는 비결은 급여보다 인정과 존중, 격려와 칭찬인 것이다. 이것이 감정적 보상이다.

그런데도 경영자들은 부하들이 잘못할 때는 철저하게 따지고 꾸중하지만 잘할 때는 칭찬에 인색하다. 꾸중하지 않거나 칭찬을 많이 하면 잘못을 되풀이한다고 생각하기 때문이다.

직장에서 상대방을 칭찬하는 것은 직장의 사기를 진작시키고 상대방을 인정하는 것이기 때문에 대단히 중요한 일에 속한다.

 생각의 샘

사람은 누구나 자신을 중요하게 생각하며 자기 자신의 자그마한 세계에서 중요한 존재라는 느낌을 갖고자 한다.
그렇기 때문에 사람은 사람들로부터 받은 인정이나 상대방이 나를 좋아한다는 말 한마디에 기뻐하고, 아무도 나에게 관심을 두지 않는다는 느낌 때문에 자살까지 한다.

칭찬의 효용, 무엇인가?

0.3

친절한 말은 봄날의 햇살처럼 따스하다.

- 러시아 속담 -

인정은 칭찬에서부터 시작한다

당신은 구성원들이 능력이 있고 무한한 가능성을 가진
존재라고 생각하는가?

사람이 사회적으로 상호 작용을 하게 되는 동기 가운데 하나는 다른 사람으로부터 인정을 받고자 하는 데 있다.

이것을 위해 사람은 여러 모습의 행동을 한다.

다른 사람에게 자기 존재를 인정받기 위한 작용이나 행위를 가리켜 스트로크(stroke)라 한다.

스트로크에는 신체 접촉·윙크·말 걸기·칭찬에 이르기까지 여러 가지가 있지만, 긍정적인 것과 부정적인 것이 있다. 칭찬이 긍정적이라면 꾸중은 부정적인 것이다.

사람은 누구나 칭찬을 받고 싶어하며 나름대로 이 욕구를 충족시키려고 갖은 노력을 다 한다. 그래도 칭찬을 받지 못하면 억지로라도 주의를 끌기 위해 비난받을 행동까지 불사한다.

사람은 스트로크에 대한 피드백을 받지 못하면 상대의 기대에 부응하지 못했다고 간주한다.

피드백 중 긍정적인 것은 보살핌과 승인일 수 있고, 부정적인 것은 위해(危害)와 비승인일 수 있다.

사람은 리더로부터 칭찬을 받으면 의욕이 고취되고 더 노력하게 된다. 이런 관계인 경우 건설적 비판은 보다 열심히 일하라는 채찍으로 받아들일 수 있다.

요컨대 칭찬과 비판을 절묘하게 하는 것도 뛰어난 리더의 대인관계 기술이 된다.

리더십의 출발은 소속원들을 사람대접 하는 것에서부터 출발한다. 사람대접 한다는 것은 인정해주는 것이다.

심지어 "나를 알아주는 사람을 위해서 목숨까지 바친다." 라는 말이 있듯이 사람은 누구나 자기를 인정해주는 사람을 실망시키고 싶지 않은 마음이 있다.

그 인정에 걸맞게 행동하고, 그 기대를 이루려는 욕구가 마음에 생긴다.

인정은 말로 전달된다. 상대에 대한 긍정적인 말과 행동은 상대로 하여금 자신감과 성취욕구를 갖게 한다.

인정한다는 말은 '칭찬(稱讚)'에서 시작한다.

칭찬, 높이 평가하는 것이다

"손자 귀여워하면 할아버지 수염 당긴다."

"칭찬하면 간이 커진다."

"잘 봐주면 어른에게 기어오른다."

위와 같은 말이 예로부터 전해 내려오는 것을 보면 우리 문화에서는 상대방을 칭찬하고 아랫사람을 칭찬하는 것에 인색한 것 같다.

현대를 사는 우리도 칭찬보다는 헐뜯고 비방하는데 익숙하다.

칭찬을 해주면 그렇게 기뻐하는데, 왜 칭찬을 아끼는가?

칭찬은 호의의 표현이며 너그러운 마음의 발로이다. 악의적이고 편협하고 냉소적이면 남을 칭찬하지 못한다.

칭찬(Praise)이라는 영어 단어는 가치(Worth) 혹은 대가(Price)를 뜻하는 프레티엄(Pretium)이라는 라틴어 명사에서

나온 말이다

사전에 의하면 칭찬을 이렇게 정의하고 있다.

칭찬은 좋은 점이나 착하고 훌륭한 일을 높이 평가하는 것을 뜻하며, 한 사람이 한 사람 또는 여러 사람이 한 일에 대해서 높이 평가하는 경우에 쓰인다고 한다.

그리고 윗사람이 아랫사람에 대해서 말하는 경우에만 쓰인다고 한다.

칭찬과 비슷하게 사용하는 말 중에 칭송(稱頌)이란 말이 있다.

사전을 살펴보면 칭송은 잘한 일이나 좋은 일에 대하여 칭찬하여 일컫는 것이며, 여러 사람이 한 사람 또는 여러 사람이 한 일에 대해서 높이 평가하는 경우에 쓰인다고 한다.

그리고 평가를 받는 사람이 아랫사람이든 윗사람이든 관계없이 쓰인다고 한다.

피그말리온 효과와 낙인 효과

칭찬의 효용은 심리학 연구를 통해 검증된 바 있다.

대표적인 예가 미국의 심리학자 로젠탈과 제이콥슨이 1968년 실시한 실험이다.

로젠탈과 제이콥슨은 학기 초 담임 교사에게 몇몇 학생의 명단을 넘겨주면서, '검사 결과 잠재력이 우수한 학생들'이라고 귀띔을 해주었다.

그로부터 1년 뒤, 학업 평가에서 흥미로운 현상이 발견되었다고 한다. 잠재력이 뛰어난 것으로 지목된 학생들의 성적과 지능지수가 다른 학생에 비해 눈에 띌 정도로 높았던 것이다.

물론 학기 초에 교사에게 건넨 명단은 허위였다고 한다.

이스라엘에서 군인을 대상으로 한 실험도 비슷한 결과를 보여주었다고 한다.

훈련병에게 무작위로 우수, 보통, 미확인 표찰을 붙인 뒤 훈련을 실시했다.

훈련을 마친 뒤 성취도를 평가한 결과 처음 '우수' 표찰을 붙인 훈련병은 실제로도 우수한 성적을 거두었다고 한다.

이처럼 어떤 사람이나 집단에 긍정적으로 기대할 경우 기대에 부응하는 현상을 '피그말리온 효과(Pygmalion effact)'라고 부른다. 그 반대가 '낙인 효과'이다.

칭찬의 득실현상

칭찬을 하는 사람의 태도를 연구한 실험이 있다.

아론슨 등은 피험자로 위장한 실험조수와 실험자간의 대화를 피험자로 하여금 여러 차례에 걸쳐 우연히 엿듣게 하는 실험을 했다. 대화의 내용은 실험조수가 실험자에게 피험자의 인상을 말하는 것이었다.

처음부터 끝까지 좋은 평, 시종 좋지 않은 평, 처음에는 좋게 말하다가 나중에는 나쁘게 말하는 평, 그리고 처음에는 나쁘게 말하다가 나중에 좋게 말하는 평의 네 가지였다.

실험결과 피험자는 자신을 좋게 보는 사람을 좋아하고, 나쁘게 보는 사람을 싫어하는 경향이 있었다.

또한 계속해서 좋게 평가하는 사람보다는 처음에 비판하다가 나중에 칭찬하는 사람을 더 좋아하며, 반대로 계속해서 나쁘게 평하는 사람보다는 칭찬하다가 나중에 가서 비판하는 사람을 더욱 싫어하는 경향을 보였다고 한다.

이를 득실현상(gain-loss phenomena)이라 한다.

이 득실현상을 생각해보면 칭찬도 지나치면 효과가 없으며, 조롱한다는 느낌을 줄 수가 있다.

그러므로 칭찬에도 절제의 미학이 있어야 함은 물론이다.

칭찬이 주는 의미

칭찬을 하면 그 효과가 어떤지 알고 칭찬하는가?
칭찬은 평가라는 것을 알고 있는가?

칭찬의 말을 듣는 사람은 일단 기쁨을 느낀다. 하지만 칭찬이 주는 의미는 그 이상이다.

리더의 칭찬은 구성원으로 하여금 자신이 높이 평가받고 있음을 느끼면서 이제까지 자신이 깨닫지 못했던 능력이 있음을 알고 기뻐하며 더 분발해야겠다는 마음을 갖게 하며, 서서히 일에 재미를 느끼며 능동적으로 행동하게 한다.

일본 마쓰시타 가전그룹의 마쓰시타 고노스케 회장은 직원들의 단점을 고쳐주기보다는 장점을 길러주는 것이 더 쉽고 효과적인 경영이라고 강조했다.

칭찬의 위력을 정리해보면 다음과 같은 기능을 한다.

- 보람을 느끼며 과업의 피로나 스트레스를 잊게 해준다.
- 상대에게 능력을 인정받았다는 느낌을 갖게 된다.
- 자신감과 더 잘 해보자는 동기부여가 된다.
- 인생의 항로까지 바꾸어 놓는 경우도 있다.
- 심각한 갈등을 해소시킨다 .

우리는 칭찬에 인색한 편이다. 당연한 것을 했는데 건방질까봐, 질투가 나서, 자존심이 상해서, 아부하는 것 같아서….
안 하는 이유는 사람마다 다르다.

그러나 칭찬만큼 인간관계의 훌륭한 윤활유는 없다. 칭찬한다는 건 그만큼 자신이 있다는 뜻이다. 칭찬하고 부러워한다는 건 나를 격하시키는 게 아니고 오히려 올려주는 일이다.

자신 없는 사람일수록 칭찬을 하지 않는 이유가 여기 있다. 그들은 오히려 빈정거리거나 상대방을 낮추려고 험담을 한다. 하지만 세상에 누가 이런 사람을 좋아하겠는가? 결국 그는 사람들로부터 소외당하고 만다.

칭찬은 구성원을 위해서도 필요하지만 리더인 나 자신을 위해서도 필요하다. 칭찬 한마디가 씨앗이 되어 나중에는 큰 보람으로 내게 돌아오기 때문이다.

실천만 한다면 칭찬의 위력은 우리의 삶의 관계를 개선시키고 건강과 혈압까지 좋아지게 할 것이다.

칭찬은 부하직원과 친구와 사랑하는 사람들에게 보상하는, 그리고 사기를 진작시키고 더 나은 상호 조화를 이루게 하는 가장 쉽고도 위대한 방법이다.

생각의 샘

사람은 물질적 보상뿐만 아니라 정신적 보상을 주는 사람을 좋아한다. 자기에게 친절하고 도와주고 이득을 가져다주는 사람을 좋아한다.

그렇다고 칭찬하고 호의를 베푸는 사람을 언제나 좋아하는 것은 아니다. 그 호의나 칭찬에 어떤 대가를 바라는 경우에는 좋아하지 않는다. 그 대가성이 호의를 받는 사람의 자유를 해치기 때문이다.

칭찬 커뮤니케이션의 4원칙

04

훌륭한 사람은 남의 장점을 발굴하여 키워주고, 남의 결점을 들추어 중
상하지 않는다.
－공 자－

칭찬은 습관이요 기술이다

당신은 주어진 일을 하니까 칭찬은 필요 없다고 생각하는가?

당신은 칭찬을 잘하는 편인가?

당신은 칭찬할 때 깊이 생각하고 하는가?

　칭찬도 하나의 기술이고 의식적인 태도에서 이루어지는 것
이라고 본다면 칭찬에 인색하지 않도록 노력해야 한다.

　칭찬은 우선 사람의 마음가짐이 중요하며 칭찬도 하나의

습관이라는 점이다. 평소 칭찬에 인색한 사람은 여간한 일에는 칭찬하는 일이 없다.

칭찬을 할 때도 테크닉이 필요하다.

칭찬을 하고 싶어도 구성원들이 칭찬거리를 주지 않는다구요?

작은 변화에도 주목해 보라. 칭찬거리가 널려 있다.

칭찬은 상대의 강점과 과거의 성공을 중심으로 상대에게 제공하는 찬사와 지지의 기술이다.

그러면 어떻게 칭찬할 것인가?

칭찬은 '현실에 기초한(reality-based)' 것이어야 한다.

하임 기너트에 따르면, 각각의 행위 자체를 칭찬(해설적 칭찬)해야지, 그 사람의 성격적 특성을 평가하는 것(평가적 칭찬)은 바람직하지 않다고 한다.

최근 미국 콜롬비아 대학이 학생들을 대상으로 연구한 결과에 따르면, 지능이나 성적을 칭찬할 경우 새로운 과제에 도전하기보다는 안전한 상태에 머무르려는 경향이 두드러졌다고 한다.

반면 과정을 독려 받은 학생들은 문제해결에 적극적이었다고 한다.

요컨대 "넌 머리가 좋구나." 보다는 "정말 애썼다." 라고 칭찬하는 것이 좋다는 것이다.

명심할 것은 칭찬은 아부와 달라야 한다는 점이다. 그러자면 정확하고 구체적인 실례를 들어 칭찬하는 것이 좋다. 또 실적이나 재능보다는 과정을 놓고 칭찬하는 것이 바른 칭찬법이다.

"일을 꼼꼼히 잘하고 있군요."

"열심히 노력하는 자세가 참 좋습니다."

거짓 칭찬이나 과찬은 역효과가 난다

칭찬이라고 해서 모두 좋은 것만은 아니다.

한 사람이 지나치게 크게 칭찬을 받으면 상대적으로 다른 사람들은 열등감, 질투심을 느끼게 된다. 또한 지나친 칭찬은 자만하게 만들거나 노력을 안 하게 만들므로 잘한 일에 대해서는 칭찬을 하되 추켜세우거나 비위를 맞추려 해서는 곤란하다.

또 칭찬하는 말이 거짓일 때는 역효과를 낼 수도 있으므로, 구성원이 잘하는 것을 더도 말고 덜도 말고 있는 그대로 인정해 줄 때야말로 칭찬은 위력을 발휘한다.

무턱대고 칭찬을 하면 상대가 좋아하기는커녕 나를 놀리는 구나 하며 오히려 불쾌하게 생각한다.

상대를 읽으며 칭찬하라

　칭찬을 시작할 때 상대방의 반응을 분석하면서 해야 한다. 상대의 몸짓에서 많은 단서를 얻을 수 있을 것이다.

　일단 미소는 긍정적인 신호다.

　그렇지만 상대가 머리를 흔들거나 얼굴을 찡그리거나 시선을 피하면 그것은 부적합한 칭찬이거나 표현일 것이다. 만일 이런 반응을 보이면 살그머니 그만두어야 한다.

　자존심이 약한 사람을 칭찬할 때에 특히 세심해야 한다. 대개는 자존심이 약할 때 칭찬을 듣고 싶어하는 욕구가 더 강하다. 따라서 남을 칭찬할 때에는 다음과 같은 점에 유의하여야 한다.

　첫째, 상대방의 행위 중 칭찬할 만한 가치가 있을 때 칭찬을 한다. 그저 덮어놓고 기분 내키는 대로 칭찬을 하면 오히려 반대의 효과를 낳는 수가 있다. 잘한 점을 구체적으로 칭찬하라.

　둘째, 상대방의 행위의 좋은 점은 반드시 잊지 말고 칭찬하도록 한다. 상대방은 칭찬 받을 것을 기대하고 일을 하든지, 작업을 하는 경우도 있다는 것을 잊어서는 안 된다.

셋째, 상대방이 행한 사소한 일이라도, 만일 그것이 좋은 일이라면 놓치지 말고 반드시 칭찬해 준다. 칭찬할 일이 생겼을 때 즉시 칭찬하라.

넷째, 효과가 발생할 수 있도록 칭찬을 해야 한다. 어차피 상대방을 칭찬할 바에는 때를 놓치지 않고 칭찬한다. 너무 시간이 경과해 버리면 칭찬을 해도 효과가 없다.

다섯째, 진심으로 상대방을 칭찬해 준다. 사랑하는 사람을 대하듯 칭찬하라. 거짓 없이 진실한 마음으로 칭찬하라.

여섯째, 성적이 나쁜 사람도 평소 항상 관심을 기울이고 있다가 칭찬할 만한 가치가 있는 일은 찾아내어 칭찬해 주도록 한다.

일곱째, 가능한 한 공개적으로 칭찬하라. 간접적으로 들은 칭찬이 직접 들은 칭찬보다 더 의미가 있을 수 있다. 리더가 당신을 좋게 이야기해 준 걸 알면 고무될 것이다

그렇지만 칭찬을 꼭 제3삼자를 통해서만 해야 하는 것은 아니다. 칭찬할 만한 것이 있으면 직접 말해야 한다. 간접적인 접근법은 직접 칭찬할 용기나 사정이나 기회가 없는 사람들을 위해 좋은 점을 퍼뜨리는 데 사용하라.

격려 · 이해하는 말도 칭찬만큼 위력 있다

적절한 격려의 말, 이해하는 말을 해주면 칭찬 이상으로 구성원들을 기쁘게 하고 나를 알아주는 사람은 리더뿐이라는 생각을 갖게 한다.

"많이 힘들었지요?"

"무척 수고가 많군요?"

구성원의 마음을 올바로 읽어주면 자신이 이해 받고 있다는 생각에 큰 기쁨과 위로를 받는다. 자신의 마음을 알아주는 사람이 있다고 인식할 때 자신을 추스르게 되고 더 분발하게 된다.

 생각의 샘

현대를 가리켜 알츠하이머 시대라고 한다. 기존의 것이면 예의, 도덕, 가치관은 물론 지식이며 문화 모두를 망각하고 살기 때문이다. 자기의 즐거움을 찾기는 바쁜데 남을 먼저 생각하는 일은 멀어져 간다.

03

y ear

03

Year

설득을 할 때 나보다 남을 중심으로
설득해야 효과적이다

| 칭찬리더십

설득력이 리더십을 좌우한다

01

리더에게 효율적인 커뮤니케이션 기술보다 더 중요한 것은 없다.

- 토마스 파란다 -

커뮤니케이션을 잘한다는 것은?

당신은 말이 중요하다고 생각하는가?

당신은 공감적 표현을 많이 하는가?

당신의 설득능력은 어느 정도인가?

우리는 문자보다는 주로 마주보며 몸짓이나 표정을 지으며 말을 통하여 커뮤니케이션을 하게 된다.

말에 의한 커뮤니케이션은 듣는 사람에게 자기의 사상·감정·지식·의견 등을 표정과 몸짓을 지으며 목소리를 통하여 전달하는 커뮤니케이션의 대표적인 형태이다.

이와 같은 커뮤니케이션에는 최소한 말하는 사람(화자·발신자·발표자·연사)과 듣는 사람(청자·수신자·청중)이 있고, 양자간에 상호작용하며 메시지(message : 말하는 내용)를 전달한다.

성격·가치관·태도가 다른 '사람'이라는 인격체 간이기 때문에 말을 할 줄 안다는 것과 타인과 커뮤니케이션을 잘한다는 것과는 상당한 거리가 있다.

우리가 하는 행동의 대부분은 커뮤니케이션이다.

우리가 가정에서 생활하든 직장에서 생활하든 모두 어떤 형태건 커뮤니케이션이다.

과장, 부장, 팀장, 이사, 대표 등 직함이 무엇이든 사람을 다룰 때 커뮤니케이션은 매우 중요한 부분이다.

한마디로 말하면, 커뮤니케이션을 잘한다는 것은 설득을 잘한다는 것이요, 리더십을 효과적으로 발휘하고 있다는 증거가 된다.

하지만 설득이란 어려울 뿐이지 불가능한 것은 아니다.

설득력은 리더십의 핵심적인 요소이다

리더는 언제나 스피치할 상황에 직면한다.

리더는 조직이 나아갈 목표를 설정하여 대중 연설이든 회의나 토론, 구성원 개인과의 대화, 언론기관과의 인터뷰 등에서 이를 비전(vision)으로 제시하고 실현하기 위해 매진할 것을 촉구한다.

리더와 다른 사람과의 관계는 우호적 · 중립적 · 적대적 관계 중의 하나일 것이다.

우호적인 관계에 있는 사람과는 관계를 강화시켜야 하며, 중립적 관계에 있는 사람과는 우호적인 관계로 만들어야 한다.

특히 자신에 대해 적대적 관계에 있는 사람에게는 더 심도 있는 설득전략으로 적대관계를 해소하여야 한다.

또한 리더는 필요한 경우 구성원들을 의도하는 방향으로 행동하도록 설득해야 한다. 설득의 결과는 구성원들의 행동이다.

이와 같이 설득력은 리더십의 핵심적인 요소이다.

인격이 설득력을 갖는다

고대 희랍 시대로부터 발전된 수사학에서는 설득능력을 가진 훌륭한 연사(演士)는 인격, 지식, 태도, 기법, 자신감을 고루 갖춘 사람이라고 한다.

리더의 말이 설득력을 갖기 위해서는 평소에 좋은 모습을 보여주어야 한다. 리더가 갖추어야 할 것은 신뢰성과 공정성 그리고 성품이다.

즉 구성원들이 믿을 수 있고 공정하다는 이미지를 가져야만 리더를 따르게 된다.

평소에 경력이나 활동을 통하여 구성원이나 청중에게 잘 알려진 리더의 인격은 그 자체가 일차적으로 세인의 관심을 불러모으고 경청을 하게끔 한다.

국회에서 벌어지는 청문회를 보면 꼭 나오는 질문이 있다. 다름 아닌 "왜 말을 바꾸었느냐?"이다.

과거의 행위 때문에 구성원의 신뢰를 받지 못하는 리더는 빼어난 연설을 하더라도 호응과 지지를 받기가 곤란하다. 아무리 이를 감추려고 의도하더라도 사람들은 바보가 아니다.

그러므로 리더는 평소 행동을 통하여 언행이 일치하는 훌륭한 인격의 소유자라는 이미지를 보여주어야 한다.

인간은 자기가 사랑하고 존경하는 사람의 말은 진지하게 받아들인다. 서로 믿고 존경하는 인간관계는 소리를 지르거나 매를 들지 않아도 민감하게 반응하는 것이 인간의 속성이다. 자기가 신뢰하고 존경하는 사람이 하는 말은 비록 거짓일지라도 진실로 들리고, 불신하고 싫어하는 사람의 말은 진실일지라도 마음에 와 닿지 않는다.

요즘에는 상사가 조직 구성원들에게 "내가 상사이니 잔소리 말고 나를 따르라!"고 해도 잘 먹히지 않는다.

똑같은 일을 하더라도 어떤 사람은 별무리 없이 주변 사람들이 따르고, 또 어떤 사람들은 항상 티격태격한다.

사람들이 자신을 따르게 하기 위해서는 그 사람들과 우호 관계를 구축해두는 것이 먼저이다. 자신과 우호적인 관계를 가지고 있는 사람은 쉽게 설득이 되는 경향이 있다.

우호적인 관계를 구축하기 위해서는 '공통점이나 장점을 발견하고 그에 대해 칭찬' 하는 것이 효과적이다.

예를 들어 종교가 같다든지, 연령이 비슷한 동년배라든지, 관심분야가 같다든지, 또는 응원하고 있는 스포츠구단이 같다든지 하는 공통점으로 이야기를 풀어 가는 것이다.

 생각의 샘

강철왕 카네기가 사업에 성공할 수 있었던 이유 중 하나가 친구들과 사업동료들의 이름을 기억하고 그들을 높이 존중해주었기 때문이라고 한다.

루스벨트 대통령도 다른 사람의 호의를 누릴 수 있는 가장 간단하고 분명한 방법은 상대의 이름을 기억하며 그로 하여금 중요한 느낌이 들도록 만드는 것이라 했다.

칭찬하면서 설득하라

02

리더십은 보통사람으로 하여금 보통이 아닌 일을 하게 하는 능력이다.

- 피터 드러커(경영학자) -

차근차근하게 설득하라

리더로서 당신은 전략을 세워 구성원을 설득하는가?
아니면 준비 없이 즉흥적으로 설득하려고 하는가?

세상사든, 사람이든 결코 내 뜻대로 쉽게 움직이지는 않는
다. 리더는 현실의 어려움을 극복하면서 앞으로 나가자는 입
장에 서게 되는 경우가 많다. 따라서 설득의 대상이 비교적
많다.

연설을 하든 회의나 협상·협의 등 대화를 통해 '이렇게 하면 더 좋아질 것이다'라는 리더인 나의 생각과 주장을 말한다고 해도, 상대방도 그 나름대로 생각과 입장이 있기 때문에 무조건 받아들이지는 않는다.

그러면 나와 입장과 생각이 전혀 다른 청중이나 상대에게서 '예스(yes)'라는 대답을 받아내려면 어떻게 해야 할까?

차근차근 단계를 밟아가며 의견의 차이를 좁혀가며 '행동의 필요성'을 이해시켜야 한다.

이 과정에서 칭찬을 통해 분위기를 조절하고 상대의 말을 긍정하고, 하겠다는 결심을 칭찬하여 행동하게 한다.

사전 준비를 철저히 한다

사전에 가상 시나리오를 만들어 반드시 말할 내용과 청중이 어떤 생각을 하고 있는가 및 상대방이 어떻게 나올지 반응을 예측하고, 이에 적절히 대응할 수 있는 내용 또는 대답 등을 빠짐없이 말할 수 있도록 메모한다.

또한, 설득의 성격·장소에 맞는 복장을 갖춤은 물론 회의실 등 '만나는 장소'와 '좌석 배치'도 대화의 분위기를 조성하는 요소이므로 이에 대한 치밀한 준비를 한다.

설득하려면 제일 먼저 해야 될 것은 청중이나 상대방이 현재 어떤 생각을 하고 있고, 왜 그렇게 생각하고 있는가를 알아내는 일이다.

대화의 경우, 얘기를 꺼내기 전에 평소부터 느끼는 상대의 입장을 어느 정도 짚어 볼 수도 있으나, 그렇지 못한 경우에는 대화 도중에 상대방의 의견이 어떤지, 왜 그렇게 생각하는지를 질문해서 알아내야 한다.

표정 관리를 하여 마음을 열게 한다

청중이나 상대의 입장을 어느 정도 가늠하고 만나는 장소에 나가면 표정 관리를 잘해야 한다.

미국의 심리학자 메런비언은 상대를 설득하는 주요 요소를 분석하는데 언어가 7%, 소리가 38%, 그리고 표정이 55%의 비율이었다고 한다.

표정이 가장 중요한 설득요소인데, 만남의 시작에는 미소 띤 모습을 보여주고 내용에 따라 진지한 표정, 심각한 표정 등을 지어야 한다.

말을 하기 시작하는 부분에는 마음을 열게끔 하는 분위기 조성에 노력해야 한다. 가볍게 상대의 장점을 칭찬하면서 운을 떼는 방법을 취한다.

상대로 하여금 얘기하게끔 한다

　대부분의 사람들은 청중이나 상대에게 자신의 주장을 관철시켜야 한다는 의욕만 앞서서 청중이나 상대방의 입장을 생각하지 않는다.

　대화나 회의의 경우 충분히 상대방이나 참석자에게 자신의 의견을 말할 기회를 주지 않는다. 심지어는 하겠다는 대답 외에는 아예 들으려고 하지 않는다.

　그래서는 상대의 긍정적인 대답을 듣기 어렵다.

　"내 생각은 이렇습니다만, 당신의 의견은 어떻습니까?" 하고 질문을 해서 상대방의 의견을 자세히 들어보라. 가끔 상대의 긍정적 부분이 있으면 칭찬을 하라.

　듣다보면 왜 수긍하지 않는지를 알 수 있다.

　상대방이 말하는 도중에 질문의 요지를 메모하면서 새겨보는 것도 좋다. 대화 도중에 질문을 통하여 상대방의 생각과 그 이유를 알아냈으면 그에 대한 대응책을 마련해야 한다.

끈기를 가져야 한다

당신은 설득할 때 충분한 시간을 가지고 임하는가?

설득할 때 이유와 근거를 철저하게 제시하는가?

상대에 따라 설득방법을 다르게 하는가?

　설득이 서툰 사람은 빨리 대답을 들으려고 하다가 상대방의 자존심을 손상시키는 일만 일삼기 때문에 점점 반감을 사게 된다.

　사람은 누구나 다른 사람이 자신을 무리하게 억압하면 강하게 저항하고자 하는 습성을 가지고 있다. 그렇기 때문에 내가 상대를 교육(?)시켜서 변화시키려 하면 상대는 곧바로 이러한 의도를 알아차리고 강하게 저항한다.

　고집이 센 사람을 설득하려면 상대방이 고집을 피울 때에는 충돌해서는 안 되며, 상대의 기분이 풀어졌을 때를 기다려야 한다. 특히 설득할 때에는 납득할 때까지 노력하는 끈기가 필요하다.

이유를 자세히 설명한다

청중이나 상대를 설득하기 위해서는 현황, 배경, 필요성을 알기 쉽게 설명할 수 있어야 한다. 잘 알아듣겠거니 확신하며 전달한 메시지를 상대가 잘못 받아들이는 경우도 있다. 또한 설명이 불충분해서 이해를 얻지 못하면 협력을 얻는 것은 고사하고 자칫 불신을 살 우려가 있다. 따라서 이쪽에서 스스로 설명할 때는 물론이고 상대가 설명을 요구할 때도 질문한 것을 칭찬하고 일의 시초, 배경, 상황, 원인 등을 간략하고 알기 쉽게 설명하는 습관을 들여야 한다.

행동의 필요성이나 요구나 주장을 하는 경우에는 그 주장을 뒷받침할 만한 증거를 제시하여 정당성을 증명해야 한다. 근거되는 증거가 없으면 상대방을 납득시킬 수 없다.

여기서 말하는 증거란 자료, 증언(전문가, 권위자의 말 등), 논거 등을 가리킨다.

전략적으로 설득한다

설득에도 전략이 있어야 한다. 설득 전략에는 여러 가지가 있으나 몇 가지만 소개한다. 반드시 상대에 적합한 방법을 사용해야 함은 물론이다.

자존심을 부추기는 방법

과거의 업적을 칭찬하면서 '여러분 또는 당신만이 이 일을 할 수 있다' 는 식으로 청중 또는 상대방의 사회적 승인의 욕구에 호소하는 방법이다.

이런 부추기는 말을 들으면, 상대는 자존심이 작용하여 '나를 높이 평가해 주고 있다' 면서 내심 흡족하게 생각하고, 설득에 응할 마음이 생기게 된다.

제3자의 동의를 이용하는 방법

타인이 대화에 동석하는 경우 이들에 대한 배려를 소홀히 하여 설득이 실패를 하는 경우도 생긴다.

"여기 같이 있는 사람도 하면 좋겠다고 하잖아."

상대가 어느 정도 수락할 느낌이 있을 때에는 동석하고 있는 다른 사람을 끌어들여, 우회적으로 답을 이끌어 내는 방법이다.

제3자의 긍정적 의견이 큰 작용을 하게 되지만 부정적 의견도 있을 수 있으므로 제3자의 상황을 봐서 동의를 구해야 한다.

연상으로 유도하는 방법

'만일 … 이라면' 가정하고 상대로 하여금 여러 가지 이점을 머릿속에 연상시키도록 하는 방법이다. 이 방법은 그 설득을 받아들여야 한다는 강한 암시가 내포되어 있다.

예를 들어 "우리의 미래는 좋아질 것입니다."와 같은 말로 청중이나 상대로 하여금 머릿속에 그려보도록 하는 것은 하고 싶다는 욕구를 강하게 자극한다.

임박한 사태변화를 강조하는 방법

상대가 어느 정도 고심한 끝에 하는 설득의 내용에 이런 점은 좋다는 긍정적인 생각을 가졌지만 결정을 미루고 있을 때 결정을 촉구하는 방법이다.

"이 기회뿐입니다!"라든지 "시간이 얼마 남지 않았습니다." 등 임박한 사태변화를 주지시키면서 청중이나 상대가 입을 손실을 강조하는 방법이다.

결심을 잘했다고 칭찬한다

대화를 통해 설득하는 경우 상대도 '예스'라고 답을 하려면 마음에 부담이 따른다. 어떤 때는 비용을 들여야 하고, 심지어 손해보는 경우도 상대에게 생긴다.

그렇기 때문에 거절하고 싶은 충동이 들어 말하는 사람의 의견에 반박하게 된다. 또한 말하는 사람의 진의를 확인하고자 안 된다는 소리를 할 수 있다.

상대가 저울질 할 때, 핵심적인 말로 범위를 좁혀간다.

상대방의 이견에 대해 "예, 그러나 …" 하는 방법을 사용하여 상대의 자존심을 상하지 않게 하며 자기의 입장을 제시한다.

예를 들면, "당신의 입장을 이해합니다. 그러나 이런 점도 생각해 보셔야 합니다.", "참 좋으신 말씀입니다. 그러나 …" 라고 표현한다. 긍정 부분에 찬사를 섞으면 상대는 우호적인 감정을 더 갖게 된다.

마침내 상대로부터 '예스' 라는 답을 들으면, 결정을 잘했다고 감사의 의사표시와 함께 격려를 한다. 그러면 의사를 번복하지 않으며, '하기를 잘했다' 는 생각을 갖게 된다.

생각의 샘

리더는 부하가 그릇된 일을 할 때나 타성에 빠져 있을 때 나쁜 점이나 사고의 맹점을 찔러 설득해야 한다. 설득을 함에 있어서 인격과 능력으로 리더십을 발휘해야 하며 자기 중심보다 부하 중심으로 설득해야 효과적이다.

경청의 마술

인간에게는 누구나 두 가지 욕구가 있다. 하나는 성적인 욕구이고, 또 하나는 존중받으려는 욕구이다.

– 지크문트 프로이트 –

경청도 최고의 찬사이다

당신은 하급자의 말을 잘 듣고 있는가?

하급자가 말하는 진의를 파악하려고 노력하는가?

하급자의 제안을 기록해두는가?

사람들은 자기에 대한 깊은 관심을 가지고 자기가 말할 때 주의 깊게 경청하는 사람을 좋아한다.

관심과 경청은 인간관계에서 상대방에게 나타내 보일 수

있는 최고의 찬사 가운데 하나이다.

특히 사람이 곤경이나 실의에 빠졌을 때에 가장 필요한 것은 바로 자신을 이해해줄 수 있는 경청자이다.

많은 사람들은 일방적으로 자기의 말만 하려고 한다.

특히 리더는 구성원이 말하는 제안이나 불만을 잘 알고 있다고 생각해서 귀담아 듣지 않거나 무시한다.

이것이 대화나 토론과 같은 대부분의 커뮤니케이션의 문제점이다. 잘 듣는데서 잘 설득할 수 있다.

대체로 사람은 자신이 처한 입장에서 이야기를 들으며 해석한다.

리더들이 범하기 쉬운 태도로, 리더 자신의 생각만을 고집해서 자기에게 유리한 방향으로 들으며, 자기 위치를 고수하겠다는 입장에 있는 사람은 구성원의 제안이나 비판에 귀를 기울이지 않는 경향이 있다.

역사적으로 부하의 보고를 무시해서 큰 우환을 사전에 막지 못한 사례가 많다.

리더의 오판은 크게 불행한 결과를 낳는다.

또한 사람은 상대의 지위에 따라 듣는 태도를 달리한다. 대체로 연장자가 연하자, 상사가 부하의 이야기를 잘 듣지 않는 경향이 있는데, 상대방의 첫마디로 무슨 말을 하려는지 알 수 있다고 생각하기 때문이다.

반대로 상대방이 지위나 권위가 있다고 생각되면, 말을 제대로 들어보지도 않고 그의 주장을 쉽게 받아들인다.

그리고 듣는 사람이 정신이 산만하거나, 감정이 격해 있거나, 내용 자체에서 산만해지는 경우에는 듣기에 집중할 수 없다.

듣기에도 여러 가지가 있다

사람들은 잘 들어주면 상대는 자기를 인정해준다고 생각한다. 리더는 듣기를 잘해야 구성원의 제안을 촉진하고 또한 그들을 설득할 수 있다.

듣기는 다음과 같이 여러 가지 모습이 있다.

- 소극적으로 듣는 것에는 〈무시〉, 〈듣는 척 하기〉, 〈선택적 듣기〉가 있다. 무시는 상대방의 존재를 아예 인정하지 않아 들을 가치가 없다고 판단하여 전혀 듣지 않는 것이다. 무시를 당하는 사람은 감정이 상하기 마련이다.

  듣는 척 하기는 겉으로는 듣는 것처럼 보이지만 실제로는 전혀 관심이 없는 경우로서 이른바 건성으로 듣는 것이다.

  선택적 듣기는 자기가 관심 있는 것만 골라 듣는 경우이

다. 듣는 척 하기와 선택적 듣기 모두 나중에 문제의 소
지가 되는 경우가 있다.

- 〈적극적으로 듣는 것〉은 목적을 갖고 듣는 것을 말한다.
  상대방이 말하는 동안에 가만히 있지 않고 긍정한다든
  지 부정한다든지 하는 언어적 반응 내지 고개를 끄떡이
  는 등 비언어적 반응을 한다.
  이 같은 듣기는 상대방의 입장에 서기보다는 자신의 입
  장 속에서 듣기 때문에 다소 문제가 있다.

- 〈공감적 경청〉은 자신보다는 상대방의 입장에서 상대를
  이해하려는 태도로 듣는 것으로, '감정이입 차원의 듣
  기' 라고도 한다.
  공감적 경청은 상대의 감정을 알고, 인정하고, 수용하
  는 것을 말한다. 보다 말을 잘하려면 공감적 경청을 해
  야 한다.

칭찬하며 듣는다

인간의 얼굴에서 입은 하나지만 눈과 귀가 둘인 것은 '말하
는 것의 두 배를 보고 또한 들어라' 는 조물주의 뜻일지도 모

른다.

1대1 대화에서는 잘 듣는 법이 매우 중요하다.

심각한 갈등이나 중요한 상담이나 협상의 성공을 위해 다음과 같은 듣는 예법을 익히고 평소부터 주의하여 실행하도록 해야 한다.

잘 경청을 하면서 "좋은 의견입니다", "내가 생각지도 못한 제안입니다." 하며 칭찬하는 맞장구를 잘하면, 상대는 만족해하면서 숨겨두려고 했던 이야기나 타협안을 내놓는다.

토론이나 대화는 쌍방향 의사소통이므로 상대의 말에 적절히 대응하려면 다음과 같은 경청의 테크닉이 필요하다.

- 단정한 자세로 상대방을 보면서 열심히 듣는 진지한 태도를 취한다. 가급적 상대방의 말을 중단시키지 않고 듣는다.

- 상대방의 입장과 기분을 생각하며 듣는다. 그러나 상대방에게 지나치게 굽실거릴 필요는 없다. 들으면서 상대가 말하는 배경이나 진의를 파악하도록 한다.

- 상대가 말하는 것을 촉진하기 위해 요소 요소에서 맞장구를 치면서 듣는다. 수긍할 만한 내용이면 몸짓과 표정으로 찬동하는 모습을 취하면 상대는 더 마음을 열고 모

든 이야기를 털어놓는다.

그러나 사소한 말을 듣고 아주 감동한 듯한 태도를 취해서는 안 된다. 아부한다고 상대가 생각하기 쉽다.

● 무엇이든지 단번에 찬성해버리는 것과 같은 자기 생각이 분명하지 않은 자세로 듣지 않도록 한다. 그리고 대뜸 불평을 하든지, '하지만'이라는 말을 자주 하여 상대방 말의 맥을 끊ㅈ 않도록 주의한다.

● 잘 모르는 것을 알아들은 체 하고 듣지 않는다. 만약 빠뜨리고 들었거나 이해할 수 없는 점이 있을 때는 정중하게 다시 물어서 듣는다. 철저하게 진의를 파악하는 것은 리더가 가져야 할 통찰력의 원천이 된다.

생각의 샘

상대의 말에 진지하게 임하고 그로 하여금 충분하게 말할 수 있도
록 할 때 비로소 상대를 자기편으로 만들 수 있다.

칭찬으로 연설과 회의 효과 높이기

조직을 이끄는 리더는 사랑을
적극적으로 표현하라

| 칭찬리더십

연설, 다수인을 설득하는 기회이다

01

연설은 믿음을 일깨워주는 기술이다.

- 아리스토텔레스 -

연설문을 읽어 보라!

역사에 길이 남는 리더들의 행적을 살펴보라! 사자후로 심금을 울리며 수많은 사람들을 설득하여 자기편으로 만들고, 그들로 하여금 행동하게끔 했다.

마틴 루터 킹 목사의 연설문을 읽어 보라!

존 F. 케네디의 취임사를 읽어 보라!

도산 안창호 선생과 백범 김구 선생의 연설문을 읽어 보라!

백사장의 연설로 이 나라의 민주주의를 외쳤던 해공 신익희 선생의 연설문을 읽어 보라!

가슴이 뭉클해지지 않는가. 그리고 행동하고 싶어지지 않는가!

리더는 많은 사람들 앞에서 자신의 철학을 밝히는 기회를 자주 갖게 된다. 그 기회는 직·간접적으로 리더십을 발휘하는 기회이기도 하다.

따라서 리더는 효과적인 스피치를 할 수 있는 실력을 갖추어야 한다.

연설은 많은 사람을 설득할 수 있는 기회이다

연설 또는 강연은 많은 사람들 앞에서 비교적 긴 시간 동안에 어떤 정리된 사항을 발표하고 호소하는 형식의 스피치이다.

연설은 리더가 다수인에게 자기 자신의 의견을 피력할 수 있는 절호의 기회가 된다.

그래서 리더들은 연설 준비에 많은 시간을 할애한다.

리더가 모든 성원을 일일이 대하기는 어렵다. 그러기에 각종 행사나 회의를 통해서 자신의 메시지를 전달하는 일은 리더의 주요한 책무 중의 하나이다.

뛰어난 재능을 가진 경영자나 리더가 자기 머릿속에 든 것을 효과적으로 스피치 하지 못해 설명할 수 없다는 것은 가장 치욕스러운 일이 된다 뛰어난 리더는 커뮤니케이션이 리더십의 도구임을 알고 있고 이를 적극 활용하고 있다.

미국 제일의 금융업체인 시티뱅크의 모기업인 시티코프사의 회장이었던 리스톤은 기업 내에서 스피치의 중요성을 알고 자신의 에너지, 시간, 감정의 대부분을 쏟았다고 한다.

그 실례로 스피치 원고를 각종 사전류나 백과사전, 자료 등을 참고해서 작성하고 다듬어서 15번씩이나 고쳐 썼다고 한다.

특히 매년 신년사는 대통령의 연두교서를 모방해서, 전년의 업적을 개괄하고 반성도 하며, 그 해에 조직이 수행해야 할 우선 순위를 설정하여 전 직원들에게 제시하였다고 한다.

자연스럽고 드라마틱 해야 한다

당신의 연설 스타일은 웅변형인가 대화형인가?
당신은 연설하기 전에 충분한 연습을 하는가?

미국이나 영국에서는 연설이나 강연을 구별하지 않고 대중 화법이라는 퍼블릭 스피킹(Public Speaking)으로 표현하나, 우리나라에서는 연설과 강연으로 구별한다.

연설은 일반 대중에게 자기의 주의 · 주장이나 의견을 설득시키려고 하는 것인데 비해, 넓은 의미의 연설의 일종인 강연에서는 일반 대중에게 보다 지적인 이해를 구한다. 다만 청중이 일반 대중이 아니고 학생에 한정되면 강의라고 부른다.

여기서는 강연을 포함한 넓은 의미로 연설이라고 한다.

연설에는 이른바 식사(式辭)가 있다. 식사는 의식(儀式)의 격식을 갖춘 모임에서 식순의 일부로서 행하는 스피치로서 개회사 · 폐회사 · 축사 · 조사 · 환송사 · 환영사 등이 그 예이다.

또한 새로 지은 건물의 준공식을 거행하면서 주최측 대표가 인사말을 하고 초대받은 인사가 축사를 하기도 하며, 기념 리셉션에서는 만찬사를 한다.

또한 리더는 구성원을 상대로 조회(朝會)를 열어 동기부여를 하는 연설인 조회스피치를 하는 경우가 많다.

조회스피치가 "또 따분하고 지루한 그 말씀", "맨날 하는 게 그렇지"라는 말을 들어서는 잘해보자고 하는 얘기가 오히려 구성원의 의욕을 반감시킨다.

상황과 청중에 적합한 연설을 해야 한다

리더는 참석해야 할 공적 · 사적인 행사가 많으며, 자의반 타의반으로 연설을 해야 한다.

연설이나 프리젠테이션과 같은 스피치는 청중의 이해에 대하여 일방적으로 궁리하면서, 청중이 이해해준다고 예상하고 이야기를 마련하고 진행해나가야 한다.

연설을 준비하고 실제 연설을 할 때 '나를 위해서 하는 것이 아니라 그들을 위해 하는 것이다'라는 입장을 취해야 청중의 호응도가 높다.

따라서 행사 · 시기 · 장소와 청중의 수준에 맞게 연설의 주제와 내용이 꾸며져야 하며, 청중에게 어필할 수 있는 효과적인 표현을 해야 한다.

리더의 스피치가 행사 · 시기 · 장소와 청중의 수준에 맞지 않는다면 리더십에 오히려 흠집이 생긴다.

준비와 연습이 성공을 낳는다

연설에서 10을 말하고자 하면 100의 준비가 필요하다. 변명하는 태도가 아니라 자신에 넘치는 태도로 스피치할 수 있는가의 여부는 자신의 준비에 어느 정도 자신감을 갖고 있는가에 달려 있다.

지루한 내용으로 일관하지 않고 청중을 매료시킬 수 있으려면 사전에 청중의 니즈를 철저히 분석할 필요가 있다. 말하고자 하는 초점이 불분명한 스피치가 아니라 청중이 '과연 그렇군!' 하고 납득할 수 있는 스피치가 되려면 사전에 주제와 내용을 깊이 있게 준비해야 한다.

따라서 스피치를 앞둔 연사가 제일 먼저 해야 할 일은 '어떠한 방향으로 준비하여야 할 것인가'를 결정하는 것이다. 스피치 준비의 방향을 제대로 설정하기 위해서는 우선 자기 자신을 정확하게 이해하여야 하며, 그런 다음에 상대방, 청중의 속성을 정확하게 분석해야 한다.

이러한 분석을 바탕으로 하여 어디서 시작하여 무엇을 어떻게 말하고 어떤 식으로 전개하여 끝 맺을 것인가 하는 스피치의 처음부터 끝까지를 철저히 계산해 두어야 한다.

세심하게 준비했다면 청중은 그에 대한 보답으로 반드시 생기 있는 눈빛으로 스피치에 귀를 기울일 것이다.

스피치의 내용을 구성할 때 다음과 같은 자문을 해본다.

- 연설할 주제에 대해 청중이 이미 알고 있는 것과 알고자 하는 것은 무엇인가?
- 청중의 관심과 염려는 무엇인가?
- 이 주제를 좀더 잘 이해시키기 위해 무엇을 얘기하면 좋을까?
- 어떻게 하면 원하는 방향으로 메시지를 받아들이고 행동하게 북돋을 수 있을까?

이런 질문에 대한 답을 달아보면 발표할 내용을 어떻게 할

지, 어느 수준으로 얘기를 해야 할지, 단어나 인용은 어떻게
할지, 추가적 자료를 넣는 게 좋을지 빼는 게 좋을지 등을 결
정할 수 있다.

 생각의 샘

회사(company)는 친구(companion)라는 프랑스 말에서 왔다
고 한다. 더 따져 들어가면 이 말은 빵(panis)을 함께(com) 벌
고, 함께 나눈다는 뜻을 담은 라틴어에서 나왔다고 한다. 친구는
빵을 함께 나누며 교제를 한다. 회사도 구성원은 물론 고객, 사회
와도 빵을 함께 나누어야 한다.

연설, 칭찬부터 하라

02

청중과 열렬하게 이야기를 나누고 싶어하라.

– 데일 카네기 –

성공적인 연설이 되지 못하면 이미지가 손상된다

연설은 연사가 독자적으로 준비해서 대중에게 발표한다. 그렇기 때문에 청중에게 도움이 되었다던가, 시간만 허비했다던가 하는 연설의 결과는 오로지 연사의 책임이 된다.

리더는 자주 구성원들이나 조직 외의 사람들에게 연설하게 되는데, 리더의 연설 내용과 연설의 성공 여부가 리더의 이미지를 형성하게 된다. 리더를 잘 모르는 사람들에게는 오로지 연설에 의해 능력 있는 리더이냐 아니냐가 좌우된다.

말로 사람을 감동시키거나 설득시키는 것은 결코 쉬운 일이 아니다. 이야기 자체에 뚜렷하고 정연한 논리가 없으면 안 된다.

따라서 연설이나 강연을 할 때는 내용이 알찬 정보가 되고 많은 청중에게 올바르게 전달될 수 있게 사전에 구성되어야 한다.

연설의 구성법은 여느 스피치와 다르게 보다 많은 청중을 대상으로 한다는 점에 초점을 맞추어야 한다.

자기의 연설을 누가 어디서 듣느냐 하는 것은 연사에게 아주 중요한 문제이다.

청중의 인원수 · 성별 · 나이 · 교육 정도 · 직업 등에 관한 정보를 분석하여 이를 토대로 이야기할 내용을 조절하고, 이를 뒷받침할 자료를 입수하여 생생하고 알찬 내용을 만들도록 하라.

여기서 주의할 점은 청중의 지식수준 등을 지나치게 과소평가하거나 과대평가해서는 안 된다는 점이다.

서론은 청중이 들으려는 의욕을 갖게 해야 한다

당신은 연설을 시작하면서 청중과 가까워지려는 노력을 하는가?
청중을 칭찬하려면 어떻게 해야 하는가?

연설에서는 시작이 잘되면 절반은 성공한 것이나 다름없다. 서론에서는 청중의 주의를 끌고, 청중으로 하여금 들으려는 의욕을 갖게 하는 데 초점을 맞춘다.

스피치의 서론은 서두와 주제의 소개 및 전체 스피치에 대한 예고 등으로 구성된다. 필요한 경우에는 이 세 요소를 모두 포함할 수 있지만, 상황에 따라서 이 가운데 하나나 둘을 생략할 수 있다.

서두를 통하여 청중의 관심을 유도하고 분위기를 조성한 다음 주제를 소개하고 이에 대한 자신의 전문성을 강조한다. 그 후에는 이어서 논의될 스피치에 대한 내용을 요약 소개함으로써 자신이 하고자 하는 이야기를 예고하여야 한다.

서론의 길이는 특정한 스피치 상황에 따라 다를 수 있지만, 전체 스피치의 10% 정도를 차지하는 것이 일반적이다.

청중은 스피치 주제와 마찬가지로, 연사에 대해 관심을 갖고 있다. '어떤 사람일까?', '어떤 성격의 소유자일까?', '어떤 경력을 가진 사람일까?' 등등 많은 관심을 갖게 된다.

처음부터 리더와 청중 사이의 거리감을 없게 해야 청중이 호기심을 갖는다. 청중의 그 동안의 노력을 칭찬하는 것도 한 가지 방법이다.

또한 유익한 개인 경험담이나 에피소드를 얘기함으로써 청중과의 인간미 넘치는 관계가 가능해진다.

물론 여기서 말하는 경험은 직접 겪었던 일일 수도 있고 아니면 스스로 창작한 가상적 경험일 수도 있다. 어떤 경우이든 발표를 할 때는 실제 자신이 겪었던 일처럼 이야기하는 것이 좋다.

그 자신이 몇 년 또는 몇 십년 전 그 모임의 회원이었다든지, 어떤 유대관계가 있었다든지 그의 느낌이나 감상을 언급하는 것이다.

서론은 연사 자신이 여러모로 믿을 수 있는 사람이며 청중에게 좋은 의도를 가지고 스피치를 임하고 있다는 사실을 밝힐 수 있는 좋은 기회이다.

좋은 서두를 통하여 자연스럽게 주제를 도입한 다음, 자신이 이 주제에 대해 얼마나 많은 관심을 가져왔는지, 그리고 얼마나 오랫동안 직접 겪고 연구해 왔는지를 밝힘으로써 주제에 대한 자신의 지식이나 전문성을 서술적인 방법으로 강조하여야 한다.

자신의 전문성을 어느 정도 밝힌 다음에는 청중의 이익을 위해 스피치에 임하고 있음을 강조하여야 한다.

이때에는 노골적으로 표현하지 말고 "조직의 발전을 위해서는 누군가가 나서서 이 문제를 짚고 넘어가야 할 것입니다. 그래서 외람되게도 제가 이 자리에 서게 된 것이오니 크게 나무라지 마시고 제 말씀을 들어주시면 감사하겠습니다."라는 식으로 은근하게 표현하여야 한다.

본론은 체계적이며 논리적으로 전개해야 한다

당신은 한 연설에서 몇 가지 주장을 하는가?
당신은 이야기를 돌려서 하지 않는가?

서론이 끝나고 본론으로 들어가면 청중들은 권태를 느끼기 시작한다.

청중들은 참석한 것이 죄라고 생각하고 20~30분 동안은 참는 셈치고 들어준다.

본론에서는 본질적 주제를 다룬다.

이때 곧바로 문제의 핵심에 들어가야 한다. 오랫동안 빙빙 돌려 말하면 안 된다. 본론은 주제에 관련된 내용이 체계적이며 논리적으로 구성되어야 한다.

특히 설득에 주안점을 두는 경우라면 설득의 방법 등 청중의 마음을 움직일 만한 정보나 이슈가 담겨져 있어야 한다.

이야기의 내용으로서 전개되는 여러 가지 아이디어의 상호 관계나 부분과 전체의 관계가 정연하여 청중이 혼란에 빠지지 않도록 해야 한다.

표현하는 방법이 다르더라도 주장하는 바도 시종일관 한결같아야 하며, 본론에서 전개되는 내용 중에서 핵심적인 부분은 수사적 기법을 활용하여 두드러지게 강조하여 청중의 뇌리에 꼭 남게 해야 한다.

스피치는 장황하지 않고 '간결' 해야 권태를 느끼기 쉬운 청중의 관심을 붙잡아 둘 수가 있으며, 스피치가 끝난 후에도 오랫동안 청중의 기억에 남게 할 수 있다.

중간에 청중의 듣는 태도를 칭찬하고 격려해 집중하게 하고 청중이 재미를 느낄 만한 주제와 어느 정도 연관이 있는 애기를 끼워 넣는다.

한꺼번에 너무 많은 자료로 청중을 기진맥진하게 만들지 마라. 아무리 집중력이 좋은 청중이라도 일정한 시간 안에 일정한 정보만을 받아들일 수 있다.

그래서 복잡한 정보는 가능한 생생한 사례를 들고 그림이나 도표 등을 이용하면서 자신의 진술에 대한 근거를 설명하고 단락이 끝날 때마다 숨돌릴 여유를 가져라.

강연과 같은 스피치에서는 사례를 들어 설명하고, 반대 입장을 설명하면서 반박하고, 그것으로부터 결론을 내리는 것이 본론에 속한다.

사람들은 전체 내용의 10~20% 정도를 기억한다. 그러므로 청중이 최소한 세 개의 요점을 꼭 기억할 수 있도록 노력해야 한다.

사람마다 이해 수준과 입장이 다르다. 이렇게 각기 다른 청중들을 이해시키려면, 내용이 복잡해서는 안 되며 '명쾌' 해야 한다.

결론은 기억에 남게 해야 한다

당신은 결론을 어떻게 맺는가?
당신은 구성원들의 행동을 촉구하기 위해서 어떻게 하는가?

일반적으로 결론은 전체 스피치 길이의 5% 안팎인 것이 보통이다.

결론은 크게 종료신호, 요점 재강조, 끝맺는 말로 구성된다. 이 세 요소 중에서 종료신호는 모든 결론에 필수적인 요소이지만 요점 재강조나 끝맺는 말 중 하나는 생략될 수 있다.

결론은 청중을 이해시키기 위해 존재하는 것이 아니라, 그들이 이해한 바를 하나의 정점으로 응집시켜주기 위해 존재하는 것이다. 따라서 감동적으로 결말을 짓는 것이 좋다.

청중을 설득하려는 연설의 결론부분에서는 요점강조도 필요하지만 강한 인상과 감명을 주면서 호소할 필요가 있다.

예를 들어 내년도 경제가 비관적일 것이다라는 부정적인 면이 많은 주제에 대해 스피치 해야 하는 경우도 있을 것이다. 그렇다고 해도 스피치를 비관적인 분위기로 끝내서는 안된다.

부정적 진술을 하면 보통 절망감, 심리적 혼란 상태, 무관심과 같이 적극적 행동과 반대되는 현상이 야기된다. 연설을 긍정적인 전망으로 끝내 희망적 태도를 갖게 해야 한다.

내년도 어렵겠지만 모두가 힘을 합해 노력한다면 긍정적 결과로 이어질 것이라고 하면서, 다 같이 긍정적 목표를 향해 나가도록 요구한다.

특히 리더는 스피치가 갖는 미래 상황에 대한 의미를 언급하면서 스피치를 종결 짓는 기법을 사용해야 한다. 즉 미래 상황을 가시화하거나, 미래에 대한 예언을 제시하거나, 리더 자신의 미래에 대한 결심을 밝힘으로써 자신이 주장하는 바가 미래에 어떠한 결과로 나타날 것인지를 구체적으로 밝혀야 한다.

첫째, 미래 상황을 가시화한다는 것은 "모든 일본 사람들이 한국산 제품을 갖는 것을 꿈이라고 생각하는 세상을 상상해

보십시오. 얼마나 즐거운 일입니까?"라는 식으로 자기가 스피치에 주장한 내용들이 채택될 경우 발생할 수 있는 미래의 상황을 상상하도록 하는 것이다.

둘째, 예언은 가시화와 비슷하지만, 청중에게 미래의 좋은 일을 상상하도록 하는 것보다는 이 일이 반드시 일어날 것이라는 것을 믿도록 하는 데 더 중점을 두는 것이다. 즉 긍정적 전망을 제시하는 것이다.

이를테면, "여러분 확신을 가지십시오. 우리는 반드시 총선에서 승리할 것입니다."라는 결언은 예언을 제시하는 기법이다.

셋째, 미래에 대한 자기 결심을 밝히는 것은 청중들도 이를 따라주었으면 좋겠다는 무언의 요청으로 작용한다. 이를테면, "여러분! 이제 여러분 앞에서 제 결심을 밝힐 때가 되었습니다. 저는 무슨 일이 있더라도 일본 상품은 사지 않겠습니다. 아무리 싸더라도, 아무리 좋더라도 말입니다." 라는 식으로 자기 스피치가 요구하는 행동을 자기 스스로가 먼저 실천하겠다는 것을 서약함으로써 청중들도 따라주기를 요구하는 기법이다.

청중에게 실천하라고 요구하는 호소는 설득적 스피치의 결언으로 자주 사용되는데, 연사가 청중에게 바라는 행동이 무엇인지를 명백히 밝히면서 끝맺는 기법이다.

호소하면서 결론을 말할 때에는 실천방법도 제시하라. 무엇을 행해야 하는지 명확하게 알려주는 제안을 하라. 청중은 지금 팔을 걷고 무엇인가를 할 때라고 생각할 것이다.

예를 들면, "여러분은 이제 누구를 위해 투표해야 할지를 잘 아실 것입니다. 내일 기표소에 들어가시면 기호는 1번, 바로 1번에 도장을 꽉 눌러주십시오."라면서 선거연설을 끝맺는다.

목소리나 몸짓을 자연스럽게 한다

얼마 전까지도 연설은 웅변형으로 해야 청중의 심금을 울리고 설득력이 배가된다는 패러다임이 지배적이었지만, 지금은 반드시 그럴 필요는 없고 오히려 선동가로 간주되어 역효과가 나는 수도 있다.

웅변형 스피치는 가락이나 억양을 중요한 요소로 하고 있으며, 목소리를 필요 이상으로 크게 하고 문장의 끝부분에 힘을 준다.

내용도 대개 미사여구를 많이 사용한다. 웅변형 스피치를 듣는 청중은 가락이나 말투에만 정신이 쏠리게 되며, 스피치의 내용에는 다소 소홀해진다는 약점을 가지고 있다.

이제 우리나라에서도 '대화형 스피치(conversation mode speech)'가 중시되고 있다.

이것은 일상의 대화와 같이 자연스럽게 하는 스피치 스타일로서 일방적이 아니라 청중과 교감을 나누면서 해야 한다는 것이 뒤에 자리잡고 있다.

청중은 내용뿐만 아니라 리더의 목소리나 모습에서도 연설이 좋다 나쁘다를 평가한다. 따라서 발성이나 제스처, 시선 등이 부자연스럽지 않아야 한다.

단조로운 톤의 낭독이나, 내용과 목소리가 서로 조화를 이루지 못해 듣기에 어색한 경우, 지나친 제스처와 불안정한 자세 등은 청중에게 좋은 이미지를 주지 못하고 또 스피치의 내용도 무시하게끔 만든다.

심지어 리더의 능력까지도 평가절하하게 되므로 주의하여야 한다.

경우에 따라 강조하기 위하여 사자후와 같은 웅변조 스타일이나 고음(高音)도 필요하나 그것도 내용과 보조를 맞추어야 하며, 힘차게 하는 제스처도 꼭 필요한 경우에 하고 청중을 바라보는 시선과 얼굴 표정도 당당하며 자연스러워야 한다.

생각의 샘

사랑은 산소와 같이 우리 삶에서 없어서는 안 되는 중요한 요소이며 우주에서 가장 강한 힘이다. 사랑이 없는 곳에 독재가 있고 마찰이 생긴다.

조직에 있어서 사랑은 가장 빼놓을 수 없는 부분이다. 경영자는 사랑을 적극적으로 표현할 필요가 있다.

회의에도 리더십이 중요하다

03

집단의 의사결정은 구성원으로부터 다양한 정보를 얻을 수 있다.
- 크라이트너 -

회의에는 돈이 든다는 것을 기억하라

리더인 당신은 회의 비용을 계산해 본 적이 있는가?
회의가 문제 해결에 도움이 되도록 주재하는가?

조직에는 회의가 많고 그 형태도 다양하다. 그러나 토론이
벌어질 수 있는 소집단 회의가 주류를 이룬다. 팀별 회의도
있고 여러 팀의 리더가 모이는 회의도 있고, 중역회의나 이사
회의와 같이 조직의 중요 정책을 논의하고 의사결정을 하는

회의도 있다.

리더는 각종 회의를 주재하기도 하고, 회의의 구성원으로 참여하기도 한다.

업무 기술과 업무 조직에서 개최되는 회의에 참여한 사람들은 회의란 단어만 들어도 얼굴을 찌푸린다.

아무 성과가 없거나 심지어 불필요한 회의와 업무가 많기 때문이다. 간부 등 지도부는 자기 시간 중 3/4을 각종 회의를 하는데 보내느라 실제로 더 중요한 업무를 볼 시간이 없다고 한다.

회의와 업무 회의에는 시간과 돈이 든다는 것을 분명히 알아야 한다.

대개 정규 업무 시간에 회의가 있기 때문에 정상적인 업무 진행에 직접 영향을 미친다.

또한 업무 회의를 하는데 많은 시간을 보내느라 급한 과제를 처리할 시간이 없다. 그 밖에도 장시간 회의는 참가자들의 사기를 떨어뜨릴 수 있다.

회의는 조직을 이끌어 나간다

『육도삼략』에서 강태공(姜太公)은 장수가 범하기 쉬운 오판을 다음과 같이 지적한 바 있다.

"자기 신분이 높다 하여 남을 멸시하지 말라.

독단의 견해로 여러 사람의 의견을 무시하지 말며, 또한 누가 말을 잘한다고 하여 남의 말을 전적으로 믿고 행동하지 말아야 한다."

이 말은 오늘날의 리더에게 적합한 말이다.

회의는 효과적으로 조직을 꾸려 가는 데 많은 역할을 한다. 회의에서 의사결정을 하는 경우에는 개인의사결정과 달리 문제 해결에 이르는 시간은 길지만 정확도가 높으며, 조직 내의 모든 자원을 활용할 수 있는 장점이 있다.

회의를 통해 직원들에게 지시하고, 정보를 주고, 의욕을 고취시킬 수 있으며 팀워크를 다질 수 있다.

그리고 부수적으로 직원들이 비판적으로 사고할 수 있는 능력을 기르고 문제에 대한 통찰을 하고 문제 해결의 경험을 쌓는 것을 돕는다. 또한 직원들 사이의 상호 관계와 집단 안에서 어떻게 행동하는지 그 태도를 관찰할 수 있다.

과거에는 고위층의 지시사항을 전달만 하는 회의가 많았지만, 이제는 과거처럼 직원에게 아무런 설명 없이 독단적으로 결정을 내릴 수 없다. 의사결정에 참여시켜야만 동기부여가 될 정도이다. 따라서 회의의 중요성은 조직 운영에서 보다 큰 비중을 차지하게 되었다.

매니저 측면에서는 리더십을 발휘할 기회가 되는데 이 모든 것이 회의를 잘해내야만 가능한 일이다.

이상적인 회의 모습

이상적인 회의란 아마 이런 것일 것이다.

의제와 연관된 정보와 아이디어를 중심으로 참석자들이 돌아가면서 요점을 명확히 말한다.

참석자들 사이의 상호 토론도 활발하고 결국 어떤 결론에 도달해 모두 동의한다. 결론은 조직의 발전에 기여할 수 있고 회의의 목적에 부합하는 것이었고 모든 참석자가 만족한 상태로 끝난다.

리더는 매번 회의에 참석해 회의를 주재할 때마다 위와 같은 이상적인 모습을 꿈꿀 것이다.

그러나 세상 사는 것이 다 그렇듯이 그런 회의를 이끌어내는 것은 쉬운 일이 아니다.

어떤 회의를 하든지 결국 목적은 커뮤니케이션이지만 그 종류에 따라 커뮤니케이션의 형태도 달라지게 된다.

회의는 크게 두 가지 종류로 나눌 수 있는데, 지시형 회의와 참여형 회의다.

지시형 회의

지시형 회의는 원칙적으로 회의를 주도하는 사람이 참석자에게 전달하는 일방향성 커뮤니케이션이다.

지시형 회의는 다시 정보 제공형 회의와 동기 유발형 회의로 나눌 수 있다.

리더가 회의를 주도한다고 가정해 보자. 직접 메시지를 전달하거나 정보를 제공해 줄 사람을 부르게 된다. 리더나 정보 제공자는 활동적인 역할을 하고 참석자들은 상대적으로 수동적인 역할을 한다.

정보 제공형 회의라면 참석자는 약간의 질문을, 동기유발형 회의라면 박수를 치는 등의 반응을 보일 수 있지만 대부분의 시간은 그저 듣는 데 집중해야 한다.

그러므로 성공적인 회의는 지시의 기술에 달려 있다고 해도 과언이 아니다.

참여형 회의

참여형 회의의 커뮤니케이션은 의견 교환의 형식, 즉 토론으로 이루어진다.

따라서 참석자가 모두 발언을 할 수 있고 어떤 한 사람이 발언을 독점하거나 주도해서는 안 된다.

이 형식의 회의는 다시 문제 해결형 회의와 브레인스토밍(Brainstorming) 회의로 나눌 수 있다.

문제 해결형 회의의 경우 현안을 해결하는 것이 목적이다. 분위기도 다소 심각하고 다른 사람의 의견에 비판을 가할 수 있고, 분석적으로 문제에 접근한다.

회의의 목적은 현 상황을 어떻게 하면 개선시킬 수 있는지,

어떻게 재발을 방지할 것인지 방법을 찾는 데 초점이 맞춰진다. 가끔 발생 가능성이 있는 문제를 미연에 방지하거나 영향을 최소화하기 위한 목적으로 회의를 하며 전략적 의사결정을 하기도 한다.

문제 해결형 회의에서도 브레인스토밍과 같은 기법을 쓸 수는 있지만, 두 유형은 서로 확연히 다른 점이 있다.

브레인스토밍형 회의에서는 집단의 향상과 발전에 관한 아이디어를 찾는데 집중하며, 미래를 계획하고 혁신하는 것에 관심을 갖는다.

즉 생생하고 새로운 아이디어를 뽑아내 실제 업무에 적용하는 것이 목적이다.

비판이 제한되며 자유롭고 창조적인 형식으로 접근하며, 즐거운 분위기로 다양하고 창조적인 아이디어를 편하게 내놓을 수 있게 해야 한다.

이 형식의 회의에서는 창의적 아이디어를 내놓을 수 있는 분위기가 생명이다. 그러나 대안을 평가, 선택하는 단계에서는 문제 해결 방식을 취하게 된다.

회의 주재자로서 자질을 갖추어야 한다

두 사람의 대화를 제외한 대부분의 회의나 토론에는 리더가 있기 마련이다.

즉 어떤 회의든 회의를 시작하고, 목적을 밝히고, 일정을 소개하고, 회의가 잘 진행되도록 지켜보며, 마무리하는 리더가 필요하다. 일반적으로 매니저가 리더 역할을 한다

회의의 리더인 의장 또는 회장은 직위로 자동적으로 정해지거나, 상부로부터 임명되거나 소집단의 구성원들이 자체적으로 선출하게 된다. 흔치는 않지만 구성원 중 한 사람이 자연발생적으로 리더가 되는 경우도 있다.

리더는 회의의 목적을 달성하기 위하여 참여자들의 행위를 인도하는 역할을 한다.

회의를 주재하는 리더는 참석자 모두가 편안한 마음으로 토론에 임하는 분위기를 조성하는 역할을 한다.

아무래도 참석자들은 자신보다 상사인 리더의 눈치를 살피는데, 리더가 자기 의견과 생각을 내세우느라 다른 사람이 끼여들지 못하게 하거나, 자신과 의견이 다르다고 다른 사람의 생각 · 의견 · 반응을 무시하거나 부정하면 참석자들은 입을 다물게 된다.

이렇게 되면 회의가 아니라 단순히 리더가 일방적인 지시를 하는 것에 불과하다.

모든 참석자들이 생각하는 방식, 경험, 태도가 다를 수밖에 없다는 것을 염두에 두고 다양성을 존중해야 하고 그렇기 때문에 자신이 생각지도 못했던 좋은 의견이 나올 수 있다는 기대를 가져야 한다.

따라서 그들에 대해 리더가 개인적으로 어떻게 생각하든, 자유로운 분위기에서 의견 개진을 할 수 있게 중립적이며 객관적인 태도를 유지해야만 회의가 제대로 진행될 수 있다.

리더가 여러 사람을 모아 회의를 진행하고 그들 사이의 토론을 성공적으로 주재하려면 여러 가지 자질과 태도를 갖추어야 한다.

이러한 자질 내지 태도는 초급 간부시절부터 노력과 경험에 의해 얻어질 수 있다.

● 회의의 리더는 창의력과 지능, 스피치 능력, 그리고 판단력과 주의력 등 기본적 자질에 있어서 다른 구성원보다 뛰어나야 하며 진행 경험도 풍부하여야 한다.

● 여러 사람의 의견을 듣다보면 중복되는 점도 많다. 중복된 의견이 많으면 듣기도 지친다. 그래서 빨리 결론 과정으로 가고픈 생각이 들기 마련이다.

그러나 리더는 쉽게 지쳐서도 안 되고 쉽게 포기해서도 안 된다. 은근과 끈기를 가지고 회의의 목적 달성을 향해 나가는 집념을 가져야 한다.

● 리더는 다른 구성원들에게 질질 끌려 다녀서도 안 되고 뒤로 물러나서 의견 대립을 관망만 해서도 안 된다.
스스로가 이니셔티브를 쥐고 문제 정의 → 대안 제시 → 대안 검토 → 대안 결정이라는 회의의 흐름을 이끌고 나 갈 수 있어야 한다.

● 리더는 공정성을 유지해야 한다. 어느 편에도 서지 말아 야 한다. 어느 편에 서면 힘이 작용해 그 편으로 동의해 버리는 경향이 나타난다.
이렇게 되면 잘못된 의사결정을 하는 우를 범할 수 있다. 공정성을 유지해야 참석자들이 발언하려는 의욕을 갖게 된다.

불필요한 회의 소집은 오히려 마이너스이다

어떤 중역 중에는 문제가 있으면 깊이 생각해보지도 않고 관계자들을 모아 일장 훈시만 하고 자리로 돌아가라고 하는 사람도 있다. 자리로 돌아가는 참석자들은 무슨 생각을 할 까?

리더가 가장 먼저 할 일은 여러 사람을 모아서 회의를 열 것이냐 아니냐를 결정하는 일이다.

회의가 상부나 외부 또는 집단구성원들의 요구에 의해 개최된 경우에는 당연히 개최를 해야겠지만, 리더가 자신의 판단으로 회의를 소집하는 경우가 대부분이다.

리더 자신이 회의 개최 여부를 결정할 때에는 불필요한 회의를 소집하거나, 필요한 경우임에도 불구하고 소집하지 않는 잘못을 범해서는 안 된다.

리더가 회의를 소집하는 것이 좋은 경우를 생각해보면 다음과 같다.

- 여러 사람과 정보를 공유해야 할 때나 전달해야 할 정보가 이해하기 힘들고 왜곡의 가능성이 있을 때

- 여러 사람들로부터 의견이나 아이디어를 청취할 필요가 있을 때

- 여러 사람들의 헌신적인 참여가 필요할 때나 집단의 일체감을 조성할 필요가 있을 때

반대로 분명한 목적이 없을 때나 신속한 결정이 필요할 때, 일을 전적으로 혼자 통제하고 싶을 때에는 회의를 소집하지

말아야 한다.

불필요한 회의를 소집해서 시간만 낭비하면 오히려 리더로서의 능력을 의심 받게 되고 향후 개최될 회의에도 의욕 없이 참석하게 된다.

준비가 좋으면 회의 질도 높아진다

참석자들이 발언 준비를 하고 참석하는 경우와 그렇지 않은 경우의 차이는 매우 크다. 리더도 마찬가지다. 리더가 회의에서 다룰 의제에 대해 연구를 했다면 원활한 진행이 가능하고 심도 있는 토론을 할 수 있게 유도할 수 있다.

회의를 소집하기로 결정했으면 리더는 사전에 여러 가지 준비작업을 해야 한다.

모든 준비가 잘되어 있으면 발언의 적절성이 높아 토론의 진행이 신속히 이루어진다. 리더는 회의를 준비하기 위하여 다음과 같은 일을 해야 한다.

- 회의 목적 결정
- 참석자 결정
- 회의 일자 및 장소 공고
- 배경자료, 회의자료 취합

- 의제 준비
- 의제 및 자료 배포
- 회의실 및 회의도구 준비

의제는 미리 정한다

의제(agenda)는 회의에서 다루고자 하는 사안들을 취급할 순서대로 나열해 놓은 것을 말한다.

의제가 회의 전에 결정되어 있지 않으면 "이것이 중요하다. 저것이 중요하다."고 논란이 일게 되어 의제를 확정하는데 대부분의 시간을 보내게 되어 문제에 대해 접근조차 하지 못하게 된다.

따라서 리더는 회의 목적을 고려하여 회의 전에 미리 의제를 결정해두고 참석예정자들에게 알려주는 것이 좋다.

의제는 회의 목적에 부합하는 주제로 한정한다. 한 가지 주제만 다루거나 여러 주제를 다룰 수도 있다.

회의 초기에 집중도가 제일 좋으므로 중요한 주제를 초반에 다루는 것이 좋다. 만일 항상 다루던 안건을 먼저 해야 한다면 빨리 처리해 버린다.

각각의 주제를 어떤 방식으로 다룰지도 미리 알려준다. 예를 들어 난상토론, 보고 형식, 브레인스토밍, 발제 후에 토론할 것인지 등을 분명히 정해놓으면 참석자들이 회의에서 어떤 역할을 할지 적절한 준비를 하고 올 수 있다.

생각의 샘

우리는 흔히 "비판하는 사람이 잘못이다. 나는 얼토당토 않게 오해받고 있다."고 말한다. 그러나 놀라운 것은 비판의 90% 가량은 옳다는 것이다.

자신의 입장에서 보면 어쩔 수 없어 그렇겠지만 자신을 향해 쏟아지는 비평 속에서 진실을 찾아낼 수 있다. 따라서 우리는 비판에 대해 보다 긍정적인 태도로 임할 필요가 있다.

회의의 분위기는 참석자의 입을 열게 한다

04

열정적인 행위보다는 먼저 행동의 지침을 바르게 세워라.

- 영국 속담 -

회의의 분위기는 중요하다

당신은 회의가 진지하게 진행되기 위해서 엄숙한
분위기 속에서 해야 된다고 생각하는가?
회의 준비는 얼마나 철저하게 하는가?

회의장에 들어서면 리더는 토론이 제 궤도에 오를 수 있도
록 분위기 조성에 최선을 다해야 한다.

당연히 참석자들이 좋은 정보나 의견을 자발적으로 내놓을

수 있도록 하는 것이 최우선이다.

따라서 각자가 소속된 집단에 대해 긍지를 느끼고 서로를 존중하는 분위기를 만들고 진지한 논의가 이루어지도록 유도하여야 한다. 특별한 이유가 없는 한 발언권을 제한하지 말아야 한다.

자유스러운 분위기를 만들어 주다보면 회의 참석자들 중에는 자기 딴에는 열심히 의견 개진을 한다고 발언을 독점하는 사람이 나타나는가 하면, 비판하다가 인신공격까지 하는 참여자들이 나타나기 마련이다.

여기서 리더는 참여자의 행동을 어느 정도 통제할 것인가를 잘 결정해야 한다.

지나치게 통제를 많이 하면 참여자들이 제대로 발표를 할 수가 없어 참신한 아이디어가 사장될 가능성이 있다.

반대로 너무 통제를 안 하게 되면 불필요한 발언이 많아져서 회의가 비효율적으로 흘러갈 가능성이 높다. 진행 상황을 보아가면서 강약을 조절하며 통제해야 한다.

또한, 다른 사람의 관점을 허용하지 않는 참여자를 통제하여 각자가 다양한 관점에서 다양한 대안을 발표할 수 있도록 보장한다.

미리 목적과 진행절차를 명시한다

회의 서두에서 개회하는 인사말과 회의 목적, 즉 '왜 회의를 열게 되었는가' 또는 '이 회의에서 무엇을 결정해야 하는가'를 명백히 한다.

인사말에서 참석자들의 노고를 칭찬하며 문제 해결이 조직의 발전에 기여할 것이라고 뜻을 전하며 진지하게 토론할 것을 제안한다. 여기서도 칭찬은 중요한 역할을 한다.

이어서 회의를 하게 된 동기와 목적을 분명히 밝혀둔다. 참여자들이 회의 목적이나 개최동기를 제대로 인식하지 못하면, 주제와 무관한 문제에 시간을 허비하게 됨은 물론 회의에 집중하지 않게 된다.

이어서 회의 진행절차를 명시한다.

회의나 토론은 일정한 규칙에 따라 진행되는 것이 보통이다. 토론을 시작하기 전에 이 규칙을 명시할 필요가 있다.

한 아이디어가 제시되면 즉각적으로 비판이나 동의와 같은 반응을 해도 되는 것인지, 모든 아이디어가 다 제시된 다음 하나하나 평가할 것인지 하는 것 등을 분명히 해야 진행에 혼선이 생기지 않는다. 또한 토론자료는 회의 준비단계에서 미리 제공하는 것이지만, 참여자의 의견에 영향을 미칠 수 있는 새로운 정보나 리더 자신의 의견이 있으면 본격적인 토론이 시작되기 전에 밝혀서 토론에 도움이 되도록 한다.

문제 해결을 위한 회의는 논리적이고 체계적인 과정으로 진행되어야 하는데, 과정은 다음의 네 단계를 거친다.

- 문제를 정의한다.
- 문제를 진단한다.
- 가능한 대안을 찾기 위해 토론한다.

  '만일⋯ 이라면 어떻게?'라는 식의 질문을 던지며 가능한 많은 가능성을 찾아보고 각각의 장·단점을 비교해 본다.
- 해답을 결정한다.

진행을 하면서 어느 과정이라고 선을 그어두면 과정에 벗어나는 발언을 줄일 수 있다는 장점이 있다.

만일 토론이 샛길로 빠지게 되면 "음, 우린 아직 문제를 진단하는 과정의 얘기를 충분히 못 한 것 같은데, 벌써 해법에 대한 토론을 하는군요."라는 식으로 말하면 보다 효율적이고 집중적으로 논의될 수 있다.

참석자의 행동을 관찰한다

본격적인 토론이 전개되면 회의 참석자들의 행동으로 나타나는 여러 가지 시각적 단서를 유심히 관찰한다.

얼굴 표정을 보면 그들이 지금 나온 얘기에 동감을 하는지 지겨워하고 있는지 아니면 헷갈려 하고 있는지 짐작할 수 있다.

참석자들이 의자 뒤로 깊숙이 누워 시계를 쳐다보고 있다면, 이 회의가 수렁에 빠져 헤매고 있거나 대수롭지 않은 얘기를 하느라 시간을 허비하고 있지는 않나 생각해 봐야 한다. 그리고 그들을 주목하면 리더가 나를 지켜보고 있다고 느끼며 자세를 바로잡는다.

회의를 잘 이끌기 위해서는 이런 다양한 시각적 단서를 주시한다. 참석자들이 어떻게 반응하는지를 민감하게 보고 대응해야 한다. 그들이 몸이나 얼굴 표정으로 표현하는 것을 회의 중에 말로 할 수 있게 유도해 낸다.

 생각의 샘

사람은 의견이 서로 다를 경우 논쟁을 하는 것은 자연스러운 일이다. 민주 사회에서 자유로운 토론과 자율적 결정은 무엇보다도 존중되어야 한다.

여기서 고려해야 할 것은 상대에 대한 인격과 존중이다. 상대의 자존심을 상하게 하면 말에서 이겼다고 해도 인간관계를 해치기 때문에 진 것이나 다름없다.

칭찬으로 발언을 장려하라

05

항상 두 사람의 의견이 같다면 그 중 한 명은 필요 없다.

- 케네스 블랜차드 -

서로 존중하게끔 한다

당신은 침묵하고 있는 참석자를 발언하게 하는가?
발언이 끝나면 칭찬하는가 꾸짖는가?

리더는 자유롭게 대화할 수 있는 분위기를 형성해 모든 사람이 편하게 토론에 참여할 수 있게 유도한다.

리더는 발언권을 동등하게 배분하여 모두가 토론에 참여할 수 있도록 해야 한다.

여기에는 몇 가지 방법이 있는데, 거수 발언 신청을 받는 것이 가장 보편적이다.

모든 발언 신청을 순서대로 메모해서 신청순으로 발언권을 준다. 그리고 참석자들이 일정한 순서대로 발언하게 하는 방법이다.

참석자들 중에는 일체 발언을 하지 않고 듣기만 하는 참석자들도 있는데, 그들도 좋은 아이디어를 가지고 있을 가능성이 있다.

한편으로는 열심히 토론을 하다보면 서로 자기 주장을 내세우게 되어 분위기가 험악해질 수도 있다.

따라서 리더는 처음부터 서로의 아이디어를 인정해주어 참여를 북돋아주고 행여 깎아 내리거나 경멸하는 느낌을 받을 수 있는 반응은 자제해야 한다.

이를테면 한 사람의 발언이 끝나면, 그 내용이 별로 신통하지 못하더라도 다음과 같이 그 발언을 좋게 평가하는 모습을 보이면 참여자들도 그 분위기에 따르게 된다.

"○○씨께서 참신한 아이디어를 내주셨습니다. 그럼 다른 분들께서는 어떤 생각을 갖고 계시는지 들어보지요."

발언을 잘하지 않는 사람이 누구인지 알아내서 그 사람을 지명해 "○○씨께서는 어떻게 생각하십니까?" 하는 식 또는 "○○씨는 지금 우리가 다루고 있는 분야에 많은 경험이 있잖아요? 이 일을 어떻게 하면 좋을까요?" 하는 식으로 질문을 던져 참여를 유도하는 것이 좋다.

그리고 그 사람의 발언이 끝나면 "말씀을 안 하시더니 그동안 연구를 많이 하셨군요. 앞으로도 고견을 부탁드립니다." 하며 격려한다.

발언의 내용이 애매 모호한 경우에는 "좋은 아이디어이군요. 하지만 좀더 구체화해야겠어요."라고 좋은 점을 이야기한 다음 단점을 지적하거나, "좀더 구체화되면 정말 좋은 방안이 될 수 있겠는데요." 하는 식으로 가능성에 주목하고 그것을 칭찬한다.

또한 발언 내용이 주제와 동떨어진 것일 때에는 기분이 상하지 않게 이를 지적하며 관련된 사항을 이야기하도록 촉구한다.

한 사람의 의견이 발표되면 이에 대한 다른 사람의 평가를 유도하여 토론이 활성화되도록 한다.

그러나 사안에 대한 비판은 허용하되 인신공격은 절대로 허용하지 말아야 한다.

회의장의 질서를 유지한다

발언독점자를 어떻게 대하는가?

발언이 불분명한 경우 요점을 정리해주는 편인가?

리더는 회의 중에 순서상의 혼란, 발언권 경쟁, 발언시간 초과, 이탈현상 등이 일어나지 않도록 항상 주의를 기울여야 한다.

만약 토론의 분위기를 해치는 소란행위가 일어나면 말이나 행동으로 저지한 다음 소란을 일으킨 장본인에게 좋은 말로 토론에 더욱더 기여하도록 촉구한다.

물론 이때 심기가 불편한 토론 참가자들이 화나지 않도록, 그리고 회의가 무산되지 않도록 조치해야 한다.

서로 발언하려고 경쟁하는 경우 그 중 한 사람이 자진해서 물러나도록 약간의 시간을 주는 것이 좋다. 계속해서 발언 경쟁을 벌이는 경우에는 두 사람 모두 중지시킨 다음 한 사람씩 차례로 발언하도록 한다.

또 부적절한 발언을 길게 하는 사람이 있으면 이를 요령껏 제지해야 한다.

누가 회의를 독점하는 양상이 있으면 바로 개입한다.

발언을 통제하는 말을 하며 시선을 독점자에서 참석자 모두에게로 돌린다.

사람들은 누군가가 여러 사람 앞에서 자기더러 "이래라 저래라" 하면 체면을 손상 당하는 것으로 여긴다.

상대의 발언을 통제하려고 할 때에는 다음과 같은 테크닉으로 말하면 기분이 덜 상한다.

- "그만 하세요!"라고 명령하는 것보다 "다른 사람도 의견을 말해야 하니까 짧게 하는 것이 좋지 않을까요?"라는 식으로 충고를 한다. 그리고 참석자 모두를 쳐다보며 "다른 사람들은 어떤 의견을 갖고 있는지 들어보면 좋겠습니다."라고 한다.

- "말씀을 중단시켜 죄송합니다. 그런데 …"와 같이 양해를 구하면서 시간이 별로 없다든가 다음 단계로 넘어가야 한다며 통제한다.

그럼에도 불구하고 그 사람이 계속 토론을 독점하면 쉬는 시간에 따로 불러 주제에 많은 관심을 보이고 문제 해결을 위해 노력하는 것은 아주 좋다고 말한다. 그리고 나서 그 사람뿐만 아니라 다른 모든 사람의 의견도 들어야 하는 것이 아니냐고 반문하면서 자제해줄 것을 당부한다.

발언내용을 정리하면서 결론에 도달하게끔 한다

리더는 필요한 경우 참여자의 발언내용을 설명하거나, 요약하거나, 평가해야 한다. 이렇게 하는 것은 회의의 효율성을 위한 필요한 조치가 된다.

참석자들은 종종 두서없이 말한다.

토론에 빠져들어 주제에 몰두하면 흥분해서 그러는 경우도 있고, 어떤 사람들은 아이디어가 너무 많이 떠오르고 하고 싶은 말도 많아 이런저런 이야기들을 건너 뛰어가며 말하는 경우도 있다. 또 어떤 사람들은 단지 말을 조리 있게 할 줄 몰라서 그럴 수도 있다.

리더가 이럴 때 회의를 원활하게 이끌고 나가려면 잘 듣는 것이 가장 중요하다. 다른 사람들이 지금까지 나온 얘기를 좀더 잘 이해하고 사안에 집중할 수 있게 두서없는 얘기들은 정리해 줘야 한다.

사람들이 두서없이 얘기를 할 때 다음 두 가지 방법으로 정리를 한다

회의를 멈추고 요점을 정리한다

한 사람이 여러 가지 의견을 두서없이 얘기하는 경우 잠시 회의를 멈춘다. "다음으로 넘어가기 전에 첫 번째 했던 얘기를 먼저 확실히 정리하고 넘어가면 좋겠습니다."라고 말한다. 이를 통해 다른 사람들도 그 의견에 대해 좀더 분명하고 간결하게 이해할 수 있다.

발언자가 어렵게 설명한 경우에는 쉬운 말로 풀어서 다시 설명한다.

확인하며 분명하게 한다

내용이 불분명한 경우에는 발언자에게 "저는 이런 뜻으로 이해했는데 맞습니까?"라는 식으로 확인함으로써 보다 분명하게 하고, 발언내용이 긴 경우에는 이를 간략히 요약할 필요가 있다.

어느 정도 토론이 무르익어 결론을 모색할 때 쯤이면 모든 발언들을 연결시켜 서로 연계되게 하며 요점을 정리하도록 한다. 그리고 나서 서로 다른 입장을 조정하고 수용할 수 있는 결과에 이르도록 유도한다.

리더가 회의를 끝낼 때 다음의 세 가지 질문을 참석자에게 던져본다.

이 회의에서 어떤 중요한 점을 다루었는가?

오늘 나온 얘기 중 중요한 점을 반복해 얘기하고 의문 사항이 있는지 묻는다. 그리고 이번 회의에서 얻은 것이 무엇이었는지 참석자들에게 묻고 의견을 듣는다.

어떤 일이 맡겨졌는가?

해결책이 나왔으면 누구에게 어떤 일이 맡겨졌고 언제까지 할 것이며 그 결과를 어떻게 보고할 것인지 정한 사항을 확인한다.

궁극적으로 우리가 얻은 것은 무엇인가?

 마지막으로 처음 잡았던 회의의 목적을 상기하며 이를 달성했는지 평가하는 말을 한다. 열심히 참석해 시간을 내주고 집중해 준 참석자들에게 감사를 전한다.

 덕분에 좋은 결과를 얻을 수 있었다는 칭찬의 말을 하는 것도 잊지 않는다.

생각의 샘

말은 책임성이 뒤따른다. 말 속에는 윤리적 가치와 존재의 확정성이 함께 존재한다. 우리가 말을 할 때에는 이 모든 점을 고려할 필요가 있다.

05

대화에도 칭찬의 전략이 필요하다

대화를 할 때는 세 마디 듣고 한 마디 말하고, 3분 듣고 1분만 말하며, 세 가지 듣고 한 가지만 말하는 원칙을 지켜라

| 칭찬 리더십

대화도 계획을 세워야 한다

01

리더십은 협상과 대화에 참여해 규칙을 만들어 가는 능력이다.

- 비욘 스티그슨 -

강한 이미지를 주려면 긍정적 언어를 사용하라

당신은 부정적 언어를 더 많이 사용하는가?

지나치게 자신을 낮추지 않는가?

리더가 자신 있어 보이고 리더십이 강하다는 이미지를 투사하려면 긍정적인 말을 하는 습관을 가지고 있어야 한다.

부부가 살다보면 말이나 행동이 서로 닮는다고 한다. 조직 구성원도 리더의 말과 행동을 닮는다.

우리나라의 삼성그룹과 현대그룹의 기업문화를 생각해보라! 창업주의 성격이 기업문화의 형성에 영향을 미쳤고, 구성원들도 그런 기업문화에 젖어 있다.

따라서 리더가 사물을 긍정적으로 보고 이를 표현하면 구성원들도 긍정적 표현을 한다.

긍정적으로 표현하는 습관을 들이고 강한 의지를 나타내려면, 먼저 자부심(자기존중감)과 자기효능감을 갖고 '안 된다'는 부정적 자기 언어를 모두 '된다'라는 긍정적 자기 언어 (positive self-talk)로 바꾸어야 한다.

긍정적인 자기 언어는 자신에 대한 긍정적인 이야기를 스스로에게 말하는 것이다.

긍정적인 자기 언어로 말하는 사람들은 다른 사람들에게 자신에 대해서 말할 때도 긍정적인 말들을 한다.

또한 겸손하다고 생각해서 자신을 비하(卑下)하는 부정적 진술을 최소화하여 더욱 리더답게 보여야 한다.

"제가 어리석은 것인지도 모르겠지만…."
"제 의견을 물어 본 사람이 아무도 없었습니다."
"물론 제 생각이 틀린 경우가 많습니다만…."
"다른 사람들처럼 교육을 그리 많이 받지 못했습니다만…."

자기의 위신을 깎는 이런 말들은 이런 말을 듣는 사람에게 리더에 대해 부정적 이미지를 심어줄 우려가 있다. 스스로 자신에게 부정적인 꼬리표를 붙이는 것은 리더의 리더십에 장기적인 손상을 가할 수 있다.

대화의 동기와 목적을 분명히 한다

중요한 대화인 경우 사전에 상대가 어떻게 나올지 적어보는가?
자신이 불리하다고 생각될 경우 어떻게 하는가?

리더와 다른 사람의 대화는 담소를 비롯해서 보다 조직적인 화법이 필요한 대화인 판매 대화, 인터뷰, 협상 등 매우 다양하다고 할 수 있다.

이런 대화 중에 조직의 운명을 좌우하는 아주 중요한 대화가 있을 수 있다.

모든 대화는 주고받는 상호작용으로 무엇인가를 얻으면 성공한 대화가 된다.

사실 누구나 다 말은 할 수 있다.

그러나 대화가 기대했던 것과는 달리 진행되면, 그제야 비로소 '이게 아닌데' 하며 무엇이 잘못되었는가를 생각하게 된다.

중요한 대화는 잘 준비해야 실망스런 일을 겪지 않는다. 대화도 반드시 계획을 세워야 한다.

대화를 시도하려고 하는 리더에게는 일정한 동기가 있기 마련이다. 예를 들어 '기업의 자금을 대출 받기 위해 은행의 책임자와 대화를 요청하는 경우'나 '노동조합의 위원장과 임금 협상하기 위해서', '상사와 조직상의 문제를 의논하기 위해서'와 같은 동기가 있어 대화를 하게 된다.

대화 준비의 첫 번째 단계는 동기를 보다 구체화하여 대화의 목적을 분명히 해두는 것이다.

- 누구에게 의견을 말해야 하는가?
- 얻고자 하는 정보가 무엇인가?
- 어떤 사안에 대해 납득시키고자 하는가?
- 어느 사람을 내편으로 만들려고 하는가?

대화하려는 목적을 분명히 했으면 이것을 잘 기억하고 대화하는 동안 목적 달성에 주력해야 한다.

경우에 따라서는 잊지 않도록 작은 카드에 목적을 메모해서 서류 위에 잘 보이는 곳에 두면 좋다. 그러나 상대방이 이를 보지 않도록 주의해야 한다.

전략을 세워 대화를 준비한다

다음으로 상대에 대한 정보를 입수해야 한다.

대화의 상대방의 성격이나 입장을 전략적으로 협상과 관련해서 고려하지 않으면, 대화 결과 역시 원하는 대로 성공할 수가 없다.

그렇기 때문에 상대방에 대한 정보를 미리 수집하는 것이 좋다. 상대방에 대해 많이 알수록 대화를 잘 계획하고 진행할 수 있다. 적어도 상대방의 나이와 성별, 직업, 지위 그리고 경우에 따라서는 교육 정도와 취미를 아는 것이 중요하다.

정보수집이 끝나면 전략을 세워 대화를 준비한다

대화를 성공적으로 이끌려면 계획이 필요하다. 대화를 하기 전에 언제나 어떤 종류의 대화를 할 것인지 심사숙고해야 한다.

사적인 대화에서는 직업상의 대화와는 다른 계획이 필요하다. 직업상의 대화에서는 다음과 같은 사항을 고려하며 전략을 세워야 한다. 이를 마치면 계획한 대화 구성을 염두에 두고 메모지에 표제어를 적고 대화에 임하도록 한다.

- 몇 명이 대화상대로 나오고, 상대방이 어떤 역할을 하는지를 분명하게 인식해야 한다.

- 대화 중에 달성해야 할 목표들을 세우고 이 가운데 에서

반드시 성취해야 할 것은 무엇이고 협상의 여지를 남길 수 있는 것은 무엇인지를 분명히 해야 한다.

- 대화방식을 공격적으로 할 것인지 방어적으로 할 것인지를 상대의 입장을 예견해서 결정해야 한다.
  그리고 예측이 가능한 대화 상황을 상상해보고 양쪽 모두가 유리한 상황을 가정해서 계획을 세워본다.

- 불리한 상태에 놓인 경우에는, 대화 시작 전에 자신을 당황하게 할 수 있는 부정적 상황을 구체적으로 떠올려 보아야 한다.

- 상대방이 내세울 수 있는 가능한 논거를 심사숙고하고 더 나은 반대 논거를 찾아 두어야 한다.

- 대화하는 데 필요한 시간을 생각해 본다.

내용과 진행 면에서 대화를 완벽하게 준비하더라도 시간이란 요소를 충분히 고려하지 않으면 실패한다. 논증할 것을 기록하고 예상되는 반대 논거도 같이 적어 보며, 자신이 설명하고 상대방이 논증하는데 어느 정도 시간이 걸릴 것인지를 어림잡아 본다.

적절한 대화의 장소를 선정한다

대화가 성공하는데는 만나는 장소가 중요하다.

자신의 회사에서, 상대방의 회사에서, 아니면 호텔과 같은 중립적인 제3의 장소에서 만날 것인가를 고려해야 한다.

아울러 좌석 배치도 고려해야 한다. 마주보고 앉을 것인가, 원형 탁자에 둘러앉을 것인가?

상대방에게 극진한 대우를 받고 있다는 느낌을 주려면 상대방이 좌석을 선택하도록 한다. 많은 사람들은 문쪽에 등을 보이고 있으면 불편함을 느낀다.

자신의 사무실에서 대화할 경우 특히 전화 소리나 방문객 때문에 대화가 중단되면, 상대방에게 대화를 중요하게 생각하지 않는다는 느낌을 준다.

상대의 불편한 심기가 대화진행에 부정적 영향을 미칠 수 있다. 긍정적인 느낌으로 시작할 수 있도록 분위기 조성에 신경을 써야 한다.

 생각의 샘

대화는 진실에 기반을 두어야 한다. 무엇인가를 시험해보기 위해 말을 던져보는 것은 잘못된 대화이다. 몹시 안타까운 것은 직장 내에서 진실한 대화보다는 형식적 대화만 늘어간다는 점이다.

칭찬으로 풀어가는 대화의 기술

02

대화를 할 때 상대방이 하는 말에 주의를 기울이라. 어떤 일과 그 일을 하는 사람을 충분히 이해하도록 하라.
                                        - 마르쿠스 아우렐리우스 -

쌍방향 대화

대화는 이해를 낳고, 이해는 신뢰를 낳고, 신뢰는 협동을 낳는다. 말의 일방통행은 대화가 아니다. 그것은 독백이요, 명령이고, 지시일 따름이다.

리더의 권위적인 말투와 행동은 상대에게 위압감을 주어 진의를 말하지 않게 한다. 그렇게 되면 형식적이거나 왜곡된 커뮤니케이션이 되고 만다.

또한 경영자가 근로자의 처지가 되어 생각하는 것과 같이 리더는 남의 처지와 남의 입장이 되어 생각해 보아야 한다.

리더가 내 입장과 내 주장만 고집하면 절대로 대화가 이루어지지 않는다. 처지를 바꾸어 생각하는 것이 역지사지(易地思之)이다.

대화를 하려면 바다와 같이 넓은 마음을 가져야 한다. 바늘 끝처럼 옹졸하고 편협한 리더는 대화를 할 자세와 자격이 부족하다.

리더는 대화를 포용한다는 입장에서 대화를 적절하게 진행하여야만 진지한 대화가 가능하고 대화를 끝내도 남는 것이 있다.

적절한 대화를 진행한다는 것은 편안한 대화 분위기를 조성하고 효과적인 질문을 던지고 성의 있는 피드백과 올바른 말을 사용함으로써 원하는 방향으로 대화를 이끌어 나가는 것을 의미한다.

대화의 구조는 여느 스피치의 구성과 비슷하다. 서론 뒤에 본론이 나오고 그 뒤에 결론이 나온다.

대화의 정지작업을 한다

서론 단계에 해당되는 대화가 시작되는 단계에서는 우호적인 분위기를 만든다. 이런 분위기를 만드는 이유는 서로 호감을 갖고 이해를 높이기 위한 정지작업이 된다.

시작 단계에서 대화 참가자들간에 상호 관계가 형성된다.

상사나 새로운 고객을 접할 때에는 좋은 이미지를 주도록 연출해야 한다.

첫인상은 모임의 성공과 실패에 근본적으로 영향을 미친다. 밝고 단정하다는 인상을 주면 상대의 호감을 얻을 수 있다. 특히 예의범절을 지켜 상대에게 불쾌감을 주지 않도록 한다.

약속 시간에 늦지 말아야 하며, 도착 후에는 상대에게 악수를 청하고 통성명을 하면서 인사를 하고 배석자가 있는 경우 서로를 소개시킨다.

자신의 이름을 말하고 상대방의 이름을 알아듣지 못했다면 다시 물어본다. 인사와 소개가 끝나면, 앉으라고 권하고 가능하면 방문한 사람들에게 자리를 선택하도록 하는 것이 좋다.

칭찬으로 분위기를 조성한다

서로가 안면이 있든 없든 얼굴을 마주 대하면 용건으로 들어가기 전에 여유를 갖도록 한다.

운동선수가 경기 전에 근육을 풀 듯이, 더 좋은 결과를 얻기 위해 분위기를 부드럽게 만들어야 한다.

날씨 등 담소를 하든가, 전화통화만 자주 하다가 비로소 얼굴을 대하는 반가운 마음을 표현한다.

적당한 기회를 봐서 진심에서 우러나오는 칭찬이나 감사를 표하는 것은 대화를 트는 좋은 방법이 된다. 칭찬이나 감사를 주고받는 것은 서로의 감정을 공유하고 서로의 얘기를 잘 듣겠다는 간접적인 모티브를 갖게 한다.

어떠한 사람이든지 남의 칭찬을 받고 싶은 마음이 가슴 한 구석에 자리잡고 있다. 칭찬을 받은 사람은 상대방이 자기를 높이 인정하고 있구나 하고 생각함은 물론 내심 기분이 좋아지고 칭찬을 한 상대에 대해 좋은 감정을 갖는다.

칭찬거리를 찾아내기 위해서는 우선 상대를 관찰한다.

이를테면 "옷의 색상이 계절과 잘 어울립니다." 하면 대화의 분위기가 한층 익어간다. 인상 · 복장 · 음성 · 성품 · 직무 능력 등에 관해 상대방을 칭찬한다

대개는 자기가 칭찬 받고 싶은 것, 훌륭하다고 인정받고 싶은 것을 가장 많이 화제에 올리는 법이다. 이 점을 간과하면 상대가 섭섭해할지 모른다.

정중한 어법을 사용한다

말은 인격의 그릇이다.

공무원 관계법을 보면 품위유지 의무라는 조항이 있듯이 리더는 말이나 행동에 스스로 품위를 유지해야 한다.

공감대를 갖기 위해서는 탐색하고 이해시키는 과정이 필요하다. 용건으로 들어가면 대화는 적어도 두 사람이 진행하므로 원하는 것과 다른 방향으로 갈 수도 있다.

도중에 좋은 뜻으로 얘기를 했지만 상대가 반감을 갖고 반박하는 경우도 생긴다.

우호적 인간관계를 생각하면서 반감이라는 감정에 대처하여야 한다. 대화 진행을 자기에게 유리하게 이끌려면 지켜야 할 것이 있다. 바로 예의를 지켜가며 정중한 어법을 사용하는 것이다.

전문가들은 대화에서 중요한 것은 무엇을 말하는가가 아니라, '어떻게 말하는가' 이라고 한다. 디자인의 시대에 말과 대화도 디자인이 필요하다.

기본적으로 감정을 자제하며 상대를 배려하며 갈등이 생기지 않도록 표현해야 한다. 즉 독설과 무시하는 말을 하지 말고 긍정적 분위기를 만들어야 한다. 최후에 웃는 사람이 승자이기 때문이다.

생각의 샘

대화를 통해 역사가 일어나기 위해서는 부정적이고 파괴적인 언어가 아니라 믿음을 주고 용서와 소망과 사랑을 주는 적극적이고 긍정적인 용어를 사용해야 한다.

대화를 유리하게 이끄는 화법

03

사람을 이끌려면 그들 뒤로 가야 한다.

－노자－

의견을 명쾌하게 표현하려면 …

당신은 우회적으로 용건을 말하는가?

대화를 할 때 질문을 잘하는 편인가?

예민한 문제는 어떻게 꺼내는가?

우호적인 분위기가 무르익으면, 용건으로 들어간다.

우선 대화의 동기와 목적을 언급하고 허용된 방법과 시간도 말한다.

대부분의 경우에 모든 당사자들에게 바람직한 대화 결과의 윤곽을 말해주는 것이 도움이 된다. 그리고 나서 논증 방법에 따라 대화를 시작한다.

대화를 나누는 사람들이 겉도는 이야기를 하거나 서로 이해하지 못하는 경우를 많이 보는데, 이것은 사안을 정확하게 충분히 기술하지 못한 데 그 원인이 있다.

최대한 자기의 의견을 명쾌하게 표현하여야 한다.

주장하기, 근거 대기, 증명하기, 사례들기, 결론 내리기 등과 같은 논증 방법으로 조리있게 자신의 의견을 제시하고 입증하면, 상대방은 그 논거를 거부할 수 없을 것이다. 자신이 너무 이야기를 많이 한다는 느낌이 들면, 상대방에게 이야기하도록 한다.

예민한 문제들은 대화의 시작이나 끝 부분에 말하지 않는 것이 좋다. 서론부의 긍정적 도입 분위기가 부정적 분위기로 바뀔 가능성이 크며, 결론부에서 긍정적인 결론을 다시 문제 삼을 수 있다.

대화 중간에 달갑지 않은 문제를 이야기하더라도 정확한 논증을 통해서 좋지 않은 분위기를 다시 좋게 만들 수 있는 충분한 시간이 있다.

적당한 반대 논거가 떠오르지 않을 때는 대답 대신 침묵을 한다.

질문은 대화를 유리하게 이끈다

잘 경청한다는 것은 상대방에게 그의 논거에 대해 이야기할 준비가 되어 있음을 암시한다.

또한 상대가 어떠한 생각을 가지고 있는가, 어떤 정보를 가지고 있는가를 알아내기 위해 경청은 필요하다.

상대방의 말을 끊지 말고, 대답을 유보하고, 여유가 있을 때 기록하도록 한다. 상대방의 생각과 이견을 그의 입장에서 살펴보도록 노력한다.

예를 들어 그의 전제조건은 무엇이고 어떤 마음으로 그런 생각을 하고 있고 그가 자명하게 생각하고 있는 것은 무엇인가를 따져본다.

대답할 것을 미리 준비해두었다가 적당한 시기에 이용하도록 한다.

중간 중간에 적절하게 질문을 한다.

상대가 말하는 내용에 관하여 질문을 한다는 것은 상대방의 말에 관심을 가지고 있고 상대방의 의견을 진지하게 경청하고 있다는 태도를 나타낸다.

질문을 하면 상대방은 용기를 얻어 더 많은 것을 말하려고 하게 될 것이다. 사업과 관련된 이야기를 더 자세하게 할 것이고 감정을 더 솔직하게 드러낼 것이다.

지나치게 개인적이거나 직설적이지 않은 짧은 질문은 대화를 이어가게 하고, 경우에 따라서는 본래의 주제로 되돌아가게 하는 데 도움이 된다. 그렇다고 해서 아무 질문이나 해서는 안 된다.

적절하게 반박한다

일련의 논증을 할 때, 각각의 논거들은 그 중요성이 저마다 다르다. 반대 논증을 할 때 이 점을 이용할 수 있는데, 상대방의 가장 취약한 논거를 제일 먼저 언급하는 것이 좋다.

먼저 좀 약한 논거 몇 가지를 철저히 분석해서 비판하면 좀 더 강한 논거들도 흔들리게 된다.

게다가 상대방에게 불안감을 일으켜서 결국 자신의 논증이 유리해진다.

비판은 서로에게 가할 수 있는데, 비판은 사태 해결에 도움을 주는 것이어야 한다.

최상의 법칙은 자신이 비판 받고 싶은 방법대로 남을 비판하라는 것이다. 절대 인격을 비판해서는 안 되며 친절하고도 조용하게 그리고 단호하게 해야 한다.

예를 들어 "이 점에서 잘못 생각하시는군요." 등의 직설적으로 반박하지 말고, 간접적으로 "예, 그러나"라는 표현법으로 반박하는 것이 좋다.

부드러운 항의를 질문 형태로 바꿀 수 있는데, "이 점에서 당신 말을 인정하지 않을 수 없군요. 그런데 해결 방안으로서 무엇을 제안하시겠습니까?"라고 표현할 수 있다.

상대방이 불쾌감이나 거부감을 나타내면 "뭔가 맞지 않는다는 느낌이 드네요. 혹시 제가 잘못 말한 것이 있나요?"라고 질문하는 것이 좋다.

대부분의 경우 상대방이 이렇게 솔직하게 질문하는 것을 고맙게 생각할 것이다. 이렇게 해서 장애 요인을 제거하고 긍정적인 방향으로 대화를 계속할 수 있다.

궁지에 몰렸다고 생각되거나 달갑지 않은 질문을 받았을 때는 "…라고 생각하시는군요.", "어떻게 해서 이런 생각을 하시게 되었습니까?"라는 식으로 상대방이 어떻게 이런 저런 생각을 하게 되었는지 물어보고 상대방이 그것에 대해 구체적으로 설명하여 주도록 한다.

상대가 확인 질문이나 다른 견해에 반응을 보이고 몰두하는 동안에 생각할 시간을 갖도록 한다.

좋게 대화를 마무리한다

모든 논쟁거리를 교환했거나 예정된 시간이 지났거나, 또는 상대방이 이해할 수 없는 신호를 보내면 대화는 분명 막바지로 접어든 것이다.

이것을 나타내는 분명한 신호는 하품을 하는 것, 시계를 보는 것, 불안한 자세로 움직임이 많아지는 것이다.

이제 결론 사항을 다시 한 번 요약하고 올바르게 이해하고 있다는 것을 확실하게 하기 위해서 피드백 질문을 한다. 이때 부드럽게 마무리짓는 것이 중요하므로 예의를 지켜야 한다.

대화가 무르익어 결론을 내리는 단계에 이르면 '제3장 칭찬하면서 설득하라'의 설득방법을 참조하면서 대화의 목적을 달성하도록 한다.

결론을 맺게 되는 단계에 돌입하면, 우호적인 분위기에서 대화의 결과를 요약한다. 대화 내용을 기록할 경우 그 결과를 공동으로 작성한다. 이에 대해 즐거운 마음을 나타내고 원했던 결과를 얻지 못했다면 유감을 표명한다.

대화의 결론부에서 공동으로 얻은 결과를 확고하게 할 수 있지만, 심사숙고해서 도달한 해결방안을 다시 문제삼을 수도 있다.

이럴 때 상대방이 '결말도 없이 계속 끌 것이 아니라 지금 이 자리에서 대화를 끝내는 것이 더 낫겠다'고 생각할 때까지 대화를 끌고 가지 말아야 한다.

상대가 여전히 결정을 내리지 못하는 눈치가 보이더라도 성급하게 동의를 요구하지 마라. 문제가 되는 것들에 대해서는 이미 대화 중간에 이야기를 나누었다.

해결 방안 중 일부만 마무리되더라도 이것을 높이 평가해야 한다. 모든 것을 다 해결하지 못한 것에 대해 또는 아무것도 해결하지 못한 것에 대해 유감을 표명하고 다음 약속 날짜를 정한다.

얼굴을 붉히거나 과격한 감정의 표현은 도움이 되지 않으므로 좋은 감정을 갖고 헤어지도록 유의해야 한다.

상대방에게 좋은 말을 하되 신중해야 한다. 바로 이 단계에서 상대방도 신경을 곤두세우고 있다.

그렇기 때문에 거짓말이나 터무니 없는 미사여구를 사용해서는 안 된다. "유쾌하지 않은 대화에 기꺼이 응해주셔서 대단히 감사합니다."라고 말한다. 나중에 뜻밖에 성공할 수 있고, 앞으로 대화의 여지가 있는 것은 이미 성공적이라고 할 수 있다.

생각의 샘

대화의 원칙 가운데 3:1의 원칙이라는 것이 있다. 세 마디 듣고 한 마디 말하고, 3분 듣고 1분만 말하며, 세 가지 듣고 한 가지만 말하라는 것이다.

06

06

변화를 도모하고 상황을 조정하라

적당주의자가 되지 말라.
그것은 세상에서 가장 위험한 것이다 | 칭찬리더십

변화에 대한 커뮤니케이션

01

리더십은 변화에 대처하는 능력 즉 방향설정, 인화와 협동, 동기부여 등을 의미한다.
　　　　　　　　　　　　　　　　　- 존 코터(하버드대학교 경영대 교수) -

자기만족을 경계해야 한다

리더십에서 가장 중요한 것은 무엇이라고 생각하는가?

변화에 당신은 어떻게 행동하는가?

시대에 따른 환경은 급진적으로 변화하고 있다.

세대 교체도 격심하고 기술 진보도 매우 눈부시다. 어제까지 당연하다고 여기던 것이 오늘은 통용되지 못하고 있다. 지금은 안 된다고 생각하고 있는 것이 내일은 가능할지도

모른다.

소위 잘나가던 기업들도 평범하고 단순한 '자기 만족'에 빠질 경우 얼마든지 시대의 흐름을 선도하지 못하거나 따라가지 못해 성장의 벽에 부딪쳐 좌초할 수 있다.

내노라 하는 재벌이란 대기업군도 예외가 아님을 해방 이후 기업변천사에서 우리는 얼마든지 찾을 수 있다.

현재 우리 상황에 요청되는 정치지도자의 모델로서 1979년부터 1990년까지 11년간 영국을 다스렸던 마가렛 대처 수상이 그래도 가장 근접한 리더가 아닌가 생각된다.

1976년 노동당 치하의 영국은 1997년 우리가 겪었던 것과 유사한 외환위기에 직면하여 국가경제가 부도 직전의 급박한 상황에 몰리게 되었고 결국 IMF에 구원의 손길을 내밀게 되었다.

1년 뒤 외환위기는 벗어났으나 보다 근본적인 문제였던 경제위기는 계속되어 나라 전체가 파국 상태에 이르고, 1979년 보수당의 대처 수상이 등장하여 이른바 '대처혁명'의 과정을 겪게 되었다.

그는 "치료불능의 상태인 영국병을 치유하여 대영제국의 영광을 되살리자"는 명확한 비전을 제시하고 치밀한 전략을 가지고 난치의 영국병을 치유해 나갔다.

리더는 변화를 도모하는 사람이다. 부단히 변화를 도모하고 변화를 현실화해야 할 책임이 있다.

그래서 리더에게는 과거의 경영스타일이 효과적이었다 할지라도 경영패러다임을 과감하게 바꿀 수 있는 용기와 실천력이 필요하다. 반대로 용기와 실천력을 과신하는 리더는 반드시 자기만족과 착각을 경계해야 한다.

변화를 도모하려면 커뮤니케이션에 능해야 한다

번스(J. M. Burns)라는 학자는 정치지도자를 대상으로 한 연구에서 변혁적 리더십을 미시적 차원에서는 개인간의 영향력 행사과정이며, 거시적 차원에서는 사회체계를 변화시키고 조직을 혁신할 수 있는 힘을 동원하는 과정이라고 한 바 있다.

리더는 장기적 비전을 제시하고 그 비전 달성을 위해서 함께 매진할 것을 호소해야 한다.

모든 변화는 크건 작건 번거로움과 저항을 동반하며 따라서 대가를 요구한다. 특히 변화과정의 초반에는 어느 정도의 혼란과 반대를 피할 수 없다.

그렇다고 모든 사람이 저항하는 것은 아니다.

사람에 따라 변화를 받아들이는 태도는 많이 다른데 그 유형을 나눠보면 변화를 통해 발전이 있을 것이라 여기며 변화를 주도하는 유형, 체념하고 따르는 유형, 저항하는 유형 등이 있다.

실직이나 좌천가능성, 상호간의 불신 등도 변화를 더디게 하는 요인이 될 수 있다.

"변화하는 것은 어렵습니다. 영광스런 과거를 갖고 있으면 변화하기는 더욱 힘듭니다. 하지만 중요한 건 미래이지 과거가 아닙니다. 미래를 주도하려면 용기를 갖고 변화를 추진해야 합니다."

세계적인 IT 업체인 HP를 이끌고 있는 칼리 피오리나 회장이 전국경제인연합회 등이 마련한 오찬 강연에서 한 말이다.

아마 변화와 관련한 소문만큼 빨리 퍼지는 것은 없을 것이다. 변화가 직원들에게 많은 영향을 미칠수록 리더의 한마디 한마디는 더욱 중요해진다.

조직변화의 저항을 극복하고 변화를 가져오기 위해서는 리더의 강력한 의지 천명 및 행동, 교육·홍보, 구성원 참여, 협상 등의 방법을 총동원해야 한다. 특히 저항을 줄이기 위해서는 알지 못하는 것을 알게 해야 한다.

일부 매니저들은 자신이 사실을 완전히 확인하기 전까지는 변화에 대해 직원들에게 얘기하는 것을 꺼린다. 또 어떤 사람은 '나쁜 소식'을 전하는 것을 싫어한다.

그러나 리더의 임무 중 하나가 직원들이 변화를 준비할 수 있게 돕는 데 있다는 것을 잊어서는 안 된다. 직장 내 신뢰의 문제일 수 있다.

다가올 변화에 대해 직원들에게 알리는 것이 늦어지면 그들은 여기저기 떠도는 소문을 먼저 듣고 당황한다. 알다시피 떠도는 소문이란 사실이 왜곡되어 있으며 불안을 조장하기 마련이다.

리더 이외의 사람으로부터 변화에 대한 소식을 듣게 된다면 리더를 더 이상 믿지 않게 될 것이며, 변화 이후의 상황을 통제하기 어렵게 된다.

먼저, 솔직하게 밝혀 신뢰를 얻어야 한다

닥쳐올 변화에 대해 알게 되면 조속히 직원들에게 솔직하게 알린다. 가능한 이득이 무엇인지 말하되 너무 과장하지는 말아야 한다. 이전 방식에서 새로운 방식으로 전환하면서 겪을 적응 과정의 문제를 너무 축소해서도 안 된다.

비록 모든 상세한 내용을 알고 있지 못한다고 해도 아는 만큼 얘기한다. 아직 계획중이기에 그렇다는 것을 알린 뒤 앞으로 어떻게 진행되어 가는지 알려주겠다며 안심시킨다.

또한 변화와 관련한 문제에 대한 토론의 분위기를 열어놓는 것이 좋다. 그렇게 하지 않으면 일부 직원들은 당신이 뭔가 숨기는 것이 있다고 의심하게 된다.

숨기는 게 있다면 뭔가 그들이 저항해야 할 만한 두려운 무엇인가가 변화의 내용 속에 있다고 생각하게 된다.

진행사항에 대해 적절한 간격으로 알려주는 게 좋다. 너무 오랫동안 변화의 진행이 어떤지 알려주지 않으면 몇몇 직원은 엉뚱한 상상을 하거나 소문에 집착하게 된다.

변화는 많은 질문을 하게 만든다. 변화를 앞두면 흔히 이런 것을 알고 싶어한다.

- 무슨 일이 일어나는가?
- 그 일이 우리와 어떤 관계가 있는가?
- 변화가 일어나도록 하기 위해 무엇을 해야 하는가?
- 내게 어떤 영향을 미치는가?

이 질문에 대한 답을 준비한다.

특히 세 번째 질문의 경우 직원들도 대답을 만드는 데 참여시킨다. 그들의 제안을 기꺼이 받아들여야 자신을 변화의 '희생양'으로 여기는 것이 아니라 주체가 되는 데 도움이 된다.

변화를 추진해 나가는 과정에 주체적으로 참여할 수 있도록 직원 한 명 한 명에게 역할을 준다.

변화를 관리한다

사람은 지금까지 해오던 방식대로 하는데 대해서 편안함을 느낀다. 새로운 방식, 새로운 행동은 지적·심리적 비용이 든다.

리더는 이 세상에 그대로 남아 있는 것은 없고 모든 것은 변한다는 사실을 인식하기 바란다.

그러므로 당연히 변화가 있을 것이라는 것을 예측하고 있어야 한다. 또 몇몇 직원은 변화에 저항할 것이라는 것도 예상하고 있어야 한다.

시간적 압박과 내적 저항에 부딪치지만 리더는 성공할 때까지 인내심을 가지고 일관성을 유지해야 한다.

변화가 막상 다가오면 어떤 직원은 망설이고 또 어떤 사람은 불평을 한다. 그럴 때 변화가 조직 가치와 어떤 연관이 있는지 지적한다.

그 가치가 변화를 통해 강화되기 위해 각각의 직원은 무엇을 해야 할지 반복해서 설득한다.

만일 직원이 변화에 저항을 보인다면, 매니저는 직원의 업무 영역에서 벌어지는 변화에 대한 예측을 기초로 직원의 걱정을 바로잡아 주어야 한다.

　상대방을 변화시키기 위해 숱한 대화와 설득을 해도, 상대방이 아무런 변화도 보이지 않았던 경험이 누구나 있을 것이다. 이럴 때 상대방을 꼭 변화시키고 말겠다는 조바심을 가지기보다는, 상대방이 이런 사람이었으면 좋겠다는 생각을 칭찬의 언어를 통해 부드럽게 전하는 것이 훨씬 효과적일 때가 많다.

 생각의 샘

우리는 종종 한 번 실패한 것을 가지고 앞으로도 계속 실패할 것이라고 생각한다. 이러한 사고는 삶을 제한시키고 위축시킨다.

상사와 커뮤니케이션 하기

02

적당주의자가 되지 말라. 그것은 세상에서 가장 위험한 것이다.

― 휴그 월플 ―

리더십은 하향적인 것만은 아니다

당신은 상사 앞에서 자신 있게 문제를 논의하는가?

당신은 권한이 없다고 판단될 경우 어떻게 하는가?

상사공포증

"저는 아랫사람에게 말하는 데는 지장이 없지만, 윗사람 앞에만 서면 다리가 떨리고 말을 제대로 하지 못합니다. 아무런 실수도 하지 않았는데 말입니다."

사람들 중에는 이런 상사공포증 때문에 고민하는 사람들도 많다.

우리 사회에서는 아직도 유교문화 탓인지 아랫사람이 윗사람 앞에서 제대로 말을 하지 못한다.

조직 사회에서도 여전히 조직의 간부들 중에는 최고 경영자의 눈치만을 보고 제대로 의견을 제시하지 못하는 사람들도 많다.

조직의 간부인 리더는 현장을 잘 알고 있는 실무총책이다. 그런 리더가 상위 리더에게 정보나 제안을 제대로 하지 못한다면 조직이 잘 운영될 리가 없다.

상사공포증의 주된 원인은 지나치게 잘 보이려고 노력하기 때문이다.

하급자들은 종종 자신들의 업적은 강조하고 실수는 축소시켜 전달하는 경우가 있고 반대 의견은 가능하면 상급자에게 그대로 전달하지 않으려는 경향이 있다.

물론 리더는 당신의 생각을 검토하고 업무 능력을 평가하며 내년 연봉을 결정하고 회사 내의 승진에 영향을 미치는 사람이다. 그러므로 그와 관계를 잘 맺는 것은 무척 중요한 일이다.

리더십을 아랫사람들만을 움직이는 것만으로 생각하기 쉬

우나 윗사람을 움직이는 것도 리더십이다.

중간층의 리더는 부서나 팀 차원을 넘어서는 문제는 상급자에게 적극적으로 건의하고 대안을 제시하여 결재를 받음으로써 해결의 실마리를 찾아야 한다.

이런 행동이 상사에 대한 리더십이다.

"권한이 없다.", "상사가 확실히 정해주지 않는다."고 변명하는 리더가 있지만 이처럼 어리석은 책임 회피는 없다.

권한이라고 하는 것은 스스로 만들어 내는 것도 있다.

한편으로 '나서기 싫다'는 식의 소신 없는 자세로는 부하직원의 신뢰감을 얻지 못해 결국 리더의 리더십도 나쁜 영향을 받는다.

리더가 앞장서서 문제를 해결하는 자세를 보임으로써 부하직원들에게 도전적이고 적극적인 태도를 키워 줄 수 있다. 이것이 이른바 솔선수범이다.

따라서 제대로 일을 하려면,

- 상사에게 도움을 받아 추진한다.
- 상사의 신임을 얻어서 상사의 권한 가운데 일부를 위임 받도록 한다.
- 상사의 양해를 얻어 상사의 일을 대행할 수 있도록 한다.

상사의 목표가 무엇인지 알아라

사장은 '직원들이 일은 대충하면서 월급만 챙기려고 한다' 고 생각하고 직원들은 '사장이 월급은 쥐꼬리만큼 주면서 죽도록 부려먹는다' 고 생각하기 십상이라는 우스개 소리가 있다.

이것은 부리는 자와 부림을 당하는 자의 차이를 간명하게 표현한 말 같다.

중간관리자가 소속원과의 입장 차이가 있듯이 중간 리더와 최고 리더에도 입장의 차이가 있다.

중간 관리자가 업무를 제대로 추진하려면 상사의 목표나 입장을 정확히 파악해야 한다.

어떤 상사는 자신의 목표와 목적이 무엇인지 밝히지만 그렇지 않은 사람들도 있다. 그들이 고의로 밝히지 않는 것이 아니라 대부분 간과하거나 상대가 이미 알고 있을 것이라 여기기 때문이다.

상사로부터 무엇인가 새로운 지시가 떨어지면 그 의미를 바르게 이해하기 위해 자기가 생각한 것을 말해 확인하여 보는 것도 올바르게 일을 추진하는 방법이다.

만일 상사의 목표가 불분명하다고 판단되면, "그것도 여태 모릅니까?" 라는 핀잔을 들을 각오로 "매니저로서 목표를 달성할 수 있게 하고 싶습니다. 명확한 지침을 밝혀 주시겠습니까?"라는 식으로 질문을 해서 상사의 목표를 알아낸다.

아니면 안을 제출하여 "이러이러한 식으로 추진하면 좋을 것 같습니다."라고 확인을 해두어야 한다.

핀잔을 듣는 게 두려워서 물어보지도 않고 하면 나중에 상사의 목표와 큰 차이가 생기는 중대한 실수를 범할 우려가 있다.

조직의 상황이나 환경은 변하기 마련이고 그에 따라 상사의 목표도 달라진다. 그러므로 분기마다 그 분기 초에 한 번씩은 상사의 목표를 확인하고 당신과 부서가 그 목표에 맞춰 움직일 수 있게 조정하도록 한다.

또 업무 성과 등에 대한 보고를 할 때도 그의 목표에 맞춰 그에 관계된 내용들을 얘기한다.

한계는 명확히 해야 한다

GE사의 회장 잭 웰치.

한 번은 사장단 회의에서 한 수석 부사장과 긴 언쟁을 벌여 회의에 참석중인 많은 경영자들을 놀라게 했다고 한다.

그때 웰치는 자신과 언쟁을 벌였던 그 부사장에게 감사의 뜻을 표했는데, 그는 이것을 '건설적 갈등'이라고 부르고 있다.

상사에게 충성하되 한계는 명확히 해야 한다.

그러나 만일 상사가 불법적, 비윤리적, 비도덕적 행동을 할 때만큼은 예외적으로 그럴 필요가 없다.

충분히 검토한 결과, 상사의 목표가 잘못된 결과를 가져오리라고 판단되는 경우도 마찬가지다.

만일 그런 상황이 벌어지면 상사·개인에 대한 충성을 보이는 것보다 조직 전체의 안녕과 발전을 선택하는 것이 우선시되어야 함은 당연한 일이다.

리더는 확신이 서면 윗사람과 자신 있게 접촉해야 한다.

또한 상사의 의견에 항상 동의할 이유는 없다. 리더와 상사의 의견이 항상 일치할 수 없고, 의견을 개진하다보면 논쟁은 벌어지기 마련이다. 경우에 따라 갈등이 생길 수 있다.

그런 의견 불일치가 해결되지 않은 갈등으로 남는 일만 없다면, 오히려 조직에 활력을 불어넣어 준다.

즉 토론을 촉발해 서로가 좀더 문제를 잘 이해할 수 있으며, 보다 참신한 아이디어를 찾아내고, 해답을 얻을 기회가 된다.

피드백을 해달라고 요청한다

상사가 부하직원에게 지적하고 싶은 점이 있지만 주저하고 있다면 그 직원과 상사와의 관계는 그리 좋은 관계가 아닐 것이며 다른 문제가 있을지도 모른다.

또한 앞으로 일을 하는 데 있어서 그에게서 더 이상의 발전도 기대하기 어렵다.

상사가 기대하는 면이 있는데 이를 충족시키지 못해도 역시 직장에서의 발전은 어렵다.

상사가 당신을 대할 때 편하게 만들어야 한다.

만약에 상사가 지적하거나 피드백을 주는 걸 주저하고 있다면, 먼저 적당한 좋은 기회를 잡아 자연스럽게 물어보면 된다.

이때에는 상사의 리더십에 대한 칭송을 하며 다음과 같이 말한다.

예를 들어 상사가 어떤 일로 자기 방으로 불렀다면 "이 일은 지난달에 지시하신 일과 같은 것 같은데요. 여러 가지 도움을 주셔서 일이 잘된 것 같습니다. 혹시 이번에 할 때는 어떤 면을 좀더 잘했으면 하는 부분이 있으면 말씀해 주십시요?"라고 물어본다.

아니면 보고를 하는 자리에서 보고를 끝내기 전에 "다음 분기에 좀더 관리를 효율적으로 할 수 있었으면 좋겠습니다. 혹시 거기에 관해서 해주실 말씀은 없으십니까? 부탁드리겠습니다."라는 식으로 진지한 표정으로 상사를 쳐다보며 물어본다.

또한 조직 내에서 좀더 발전적인 일을 해보고자 하는 포부가 있다면 "저를 잘 이끌어 주셔서 오늘날 제가 있게 된 것입니다. 앞으로 어떤 일을 좀더 신경 써야 될까요?"라고 상사에게 물어본다.

상사가 피드백을 해줬다면 "고맙습니다" 하며 거기에 대해 변명하거나 방어적으로 반응하면 안 된다. 상사의 지적을 기꺼이 받아들이고 실천하며 그가 얘기한 부분을 개선할 수 있도록 최대한 노력한다.

상사의 리더십 스타일에 맞춘다

상사도 부하직원도 리더십 스타일이 서로 다를 수 있다. 상사의 스타일을 파악해서 보고와 결재를 받도록 한다.

상사 중에는 책임을 주고 자기 밑에 매니저가 웬만한 일은 알아서 결정해 일을 하고, 문제가 생길 때만 짧게 보고 받고 거기에 대해 지시를 내리는 방식을 선호하는 사람들이 많다. 이른바 선이 굵은 타입이다.

이와는 반대로 세세한 결정과정까지 챙기는 관리형 타입도 있고 문서로 된 보고를 선호하는 스타일을 가진 상사도 있다.

만약의 경우에 리더가 자기 부서는 자신이 완전히 책임을 져야 한다고 생각하고 세세하고 사소한 일로 상사를 괴롭힐 필요가 없다고 생각하는 경우에는 관리형 타입의 상사와는 코드가 맞지 않는다.

이렇게 매니저의 일하는 방식이 상사와 다른 경우 오해를 사거나 잘못된 평가를 받는 경우가 많다.

좋은 직원 관계를 만들기 위해서는 상사의 스타일이나 좋아하는 방식에 당신의 커뮤니케이션 방식을 맞추는 지혜가 필요하다.

만일 상사가 무엇을 좋아하는지 모르겠으면 물어보고 이에 따라야 한다.

직원들 앞에서 내색하면 안 된다

상사와 리더의 의견 차이를 직원들 앞에서 표현해서는 안 된다. 만일 그렇다면 직원들은 이 문제로 자기 상사들 사이에 분쟁이 일어난 것으로 받아들인다.

이렇게 되면 자신의 자리를 지키기 위해서 일에 전력 투구하지 않고 눈치만 볼 것이다.

그러므로 동의하지는 않지만 조직 내에서 수행해야만 하는 일이 생기면 직원들에게 이렇게 말한다.

"회사에서 이런 이유로 … 을 하기로 했다."면서 이 결정의 배경을 설명하고 그로 인한 좋은 점을 강조한다.

그리고 "결정된 일이니 나나 우리 팀원 모두가 열심히 따르도록 합시다."라고 말해 힘을 실어준다.

생각의 샘

자연과 인간, 조직 속의 구성원간의 관계는 모두 시너지적 관계를 필요로 한다. 세상 만물은 모두 다른 것과 연결되어 있다. 기업이 생산성을 극대화시키는 것도 서로의 관계를 향상시키기 위한 것이다.

동료들과 커뮤니케이션 하기

03

둘 또는 그 이상의 개인들이 서로가 영향을 주고받으며 교류하는 경우 집단이 성립한다.
– M. E. 쇼 –

가장 듣고 싶어하는 말

동료들과 협조관계가 잘 이루어지고 있는가?
동료의 부탁을 거절할 수 있는가?

우리나라 모 은행에서 직원 2105명을 대상으로 실시한 설문조사에서 "내가 도와줄게(29%)"라는 말이 직장인들 사이에서 가장 듣고 싶어하는 말로 조사됐다고 한다.

그 다음으로 "일찍 퇴근합시다(15.6%)", "오늘 수고 많으셨어요(14.4%)", "감사합니다(13.8%)", "아주 잘했어(9%)" 등의 순으로 조사되어 직장인들은 칭찬하는 말을 가장 듣고 싶어하는 것으로 나타났다.

반면 직장에서 쓰지 말아야 할 말로는 "이런 것도 몰라(18.4%)"라는 표현이 1위를 차지했고, 그 다음 "내 일이 아닌데요(17.6%)", "벌써 퇴근하니?(15%)", "야! 너! 당신!(9.8%)", "○○는 잘하는데 너는 …(9.2%)" 순으로 나타나 개인의 능력이나 자존심을 건드리는 표현을 가장 싫어하는 것으로 조사되었다.

조직 내의 동료와의 관계는 크게 나누면 협동관계 · 경쟁관계 · 적대관계를 생각할 수 있다.

선의의 경쟁관계는 좋지만 적대관계는 업무에 지장을 줄 뿐만 아니라 마음까지도 불편하다.

동료와 협력해 일을 해나갈 수 있도록 노력해야 한다. 정기적으로 만나고 있는 동료들이 나와 어떤 관계인지를 알아보고 이에 대처해서 더 좋은 관계로 발전시키도록 해야 한다.

그렇다면 이상적인 동료관계는 어떤 것일까?

활발히 의견을 교환하고 용기를 북돋아 주며 문제가 생기면 그에 대한 조언을 해주고 제안을 호응하고 밀어주는 동료관계가 아닌가 한다.

리더십은 동료관계에서도 발휘되어야 한다. 대등한 관계에서 오고가는 커뮤니케이션은 보다 큰 도움을 얻을 수 있다. 동료에게 리더십을 발휘하려면 서로의 능력을 인정해주고 솔직한 대화를 나누는 평소의 인간관계의 유지에 힘을 기울여야 한다.

동료의 관계에서는 부탁·거절의 커뮤니케이션을 잘해야 관계가 오래 간다.

부탁하기

부탁의 대화란 상대방에게 어떤 일을 도와줄 것을 의뢰하기 위하여 하는 대화를 뜻한다.

일을 하다 보면 다른 팀의 매니저에게 부탁하는 경우가 많다. 어떤 자료를 요청하거나 인적·물적 자원을 빌려달라거나, 자신의 의견에 동의해 주기를 바라는 의미로 동료에게 부탁을 하는 등 부탁의 내용은 다양하다.

이러한 부탁도 상대방이 자기 의도대로 생각하게 하거나 행동하게 하는 것이 목적이므로 넓은 의미의 설득의 대화에 속한다.

동료관계에는 특히 자존심이 작용하여 솔직히 부탁을 하지 못하는 사람들도 있다.

상대방을 설득하여 자신의 부탁을 들어주도록 하기 위해서는 상대방의 마음을 움직일 수 있는 방법을 사용하여야 한다. 그러한 방법을 몇 가지 들어보면 다음과 같다.

첫째, 부탁하기 전에 상대방의 '나'에 대한 감정과 동료의 팀 상태 등에 대하여 최대한 많이 알아야 한다.

성격만 하더라도 사람에 따라 천차만별이다. 같은 사람이라도 그때 그때의 기분에 따라 반응이 달라진다.

아첨에 가까운 과찬을 하면 좋아하는 사람이 있는가 하면, 아첨을 하면 불쾌하게 여기고 경계하는 사람이 있다.

따라서 친숙하지 않은 사람에게 중요한 일을 부탁하기 전에는 상대방의 성격은 물론 여러 면에 대하여 철저히 조사하여 정확히 파악한 뒤에 적절히 대처해야 한다.

둘째, 부탁하는 내용을 꺼내기 전에 상대의 기분을 파악한다. 상대방의 기분이 좋을 때 말을 건네기가 한결 수월하다. 상대방의 기분을 파악하기 힘들 때에는 일단 그의 표정을 관찰하라.

기분이 좋은 상태라면 얼굴 가득 미소를 띠고 눈을 크게 뜨며 당신을 반길 것이다. 혹시라도 얼굴 전체가 아닌 입가에만 미소를 띤 얼굴로 당신을 반긴다면 기분이 별로 일 것이다. 건성으로 반기는 투이면 기분이 아주 나쁘다는 증거이다.

기분이 나쁠 때 부탁해봐야 힘만 든다.

셋째, 기분이 괜찮다면, 상대방으로 하여금 친근감이나 친밀감을 느끼게 한다.

상대방에게 이러한 감정을 가지게 하려면, 상대방의 취미·인생관·과거의 체험·출생지·학벌·친구관계 등의 공통점을 사전에 파악하여 화제로 삼아야 한다.

가벼운 칭찬도 좋다. 설사 다르더라도 동질감을 느끼도록 상대방의 관심사에 흥미를 가지고 적극적으로 경청하면 상대방은 호감을 가질 것이다.

넷째, 부탁할 내용을 명료하고 간결하게 요약하여 정중히 말한다. 현대인은 분주한 시간의 흐름 속에서 생활한다. 이런 점을 고려하여 부탁의 내용을 요약해서 말함으로써 상대방의 시간을 많이 빼앗지 않아야 한다. 상대방의 시간을 많이 빼앗게 되면 역효과를 가져온다.

부탁하고자 하는 바가 무엇인가를 상대방이 쉽고 정확하게 파악할 수 있도록 말해야 한다. 자존심 때문에 무엇을 부탁하러 왔는지 모르게 애매모호한 말을 해서는 안 된다.

다섯째, 어려운 일을 부탁할 때에는 부탁과 더불어 반드시 보은(報恩)할 것을 말한다. 대부분의 사람들은 반대 급부를 생각하고 남의 부탁을 들어주는 경향이 있다.

상대방에게 자기의 부탁을 들어주면 나중에 이에 대한 보답을 꼭 하겠다는 말을 하게 되면 거절하려던 사람도 부탁을 들어줄 가능성이 높다.

여섯째, 조그만 부탁이라도 상대방이 흔쾌히 들어주면, 진심으로 감사의 말을 해야 한다.
전혀 감사의 뜻을 나타내지 않거나, 마지못해서 하는 감사 표시는 상대방에게 불쾌감을 줄 수 있다. 상대방이 가까운 사람이든 먼 사람이든 자신의 부탁을 들어주면 정중히 심심한 사의를 표시하여야 한다.

거절하기

거절의 대화란 남의 부탁을 들어주지 않고 물리치는 대화를 뜻한다. 강도 높은 거절을 '거부' 라고 한다.
대인관계를 맺으면서 생활하다보면 남으로부터 부탁을 받고 이것을 거절해야 할 경우가 있다.
그 동안의 인간관계에 금이 가지 않게 하거나 단절되지 않도록 하면서 능숙하게 거절한다는 것은 쉽지 않은 일이다.
거절할 때 유의할 점은 다음과 같다

첫째, 상대방이 납득할 수 있는, 거부의 구체적인 이유를 들어 분명하게 말한다.

먼저 상대방의 입장에 서서 깊이 생각해 본 뒤에 도저히 들어주기 어려운 부탁일 경우에는 상대방이 이해할 수 있는 거절의 이유를 열거하여 분명히 거절하여야 한다.

둘째, 부드러운 어조로 완곡하게 거절한다. 단호하고 오만하게 경멸하는 어조로 거절하게 되면 상대방이 매우 불쾌하게 생각하거나 원망을 할 것이다.

부탁을 들어주지 못해 미안하다는 뜻이 전달되도록 미안한 표정을 하고 부드러운 어조로 이야기를 돌려서 거절한다.

부탁을 거절하게 되면 상대방이 유쾌할 리가 없는데, 설상가상으로 마음에 상처를 입힐 말을 해서는 안 된다.

관계의 끈을 끊지 말라

보기도 싫고 목소리조차 듣기 싫을 정도로 사이가 안 좋아도 동료와 관계의 끈을 끊는 실수를 범하지 말아야 한다.

언젠가는 도움을 청할 일이 생기거나, 그가 당신의 상사가 되어서 나타날지도 모르기 때문이다.

오히려 아군으로 끌어들여라. 이것이 리더십이다.

지성이면 감천이란 말이 있다. 조직 안팎에서 칭찬 받는 상대방이 민망해 할 정도로 해보라. 웬만한 갈등도 칭찬 한마디에 쉽게 해소될 수 있다. 칭찬은 아낄 필요가 없다.

　동료를 칭찬할 일이 있으면 그 자리에서 하라. 지나가 버린 다음은 의미가 없다. 가는 말이 칭찬이면 오는 말도 칭찬이라는 것을 명심하자.

 생각의 샘

관용은 상대방을 있는 그대로 받아들이며 단점보다는 장점을 찾는 태도이다. 살인 · 폭행 등에 관용을 보일 수는 없지만 세상에는 너그러운 태도를 요구하는 일들이 너무 많다.

의견불일치, 칭찬으로 풀어라

의심을 가지고 결정하면, 그 결정은 반드시 맞지 않는다.

－ 순 자 －

리더는 비난받을 각오를 해야 한다

당신을 비판하는 소리를 들을 때 감정적으로 대하는가?
당신은 갈등의 조정 역할을 잘하는가?

　TV에서 해외뉴스를 보면, 간혹 외국 지도자들이 반대자에게 계란세례를 받고도 여유 있게 행동하는 모습을 볼 수 있다.
　리더는 변화를 추진하는 사람이기 때문에 반대하는 사람이 있기 마련이다. 반대하는 사람 중에는 스토커같이 리더가 가는 곳마다 따라다니며 반대시위를 벌이는 극단적인 사람도 있다.

지금 같은 사회에서 리더가 큰일을 하려면 비난을 각오해야 한다.

사람이 사는 사회에서는 각자의 인생관 내지 태도 그리고 상황에 따라 의견이 다르기 때문에 의견 대립 내지 논쟁은 인간관계에서 피할 수는 없다.

논쟁을 하지만 고려해야 할 것은 상대에 대한 인격과 존중이다. 논쟁에서 진 사람은 자기의 상처난 자존심을 지키기 위해 더욱 자기 의견만을 고집하게 되고, 결국은 문제해결이 어려워진다.

대부분의 사람은 비판에 대해 감정이 앞서 무조건 부정하거나 그 비판에 맞서려고 한다. 비판과 비난은 구별해야 한다. 비판은 이성 중심이어서 합리적이고 건설적이지만, 비난은 감정을 앞세운 것이므로 모욕적이고 비인격적이다.

논쟁에 효과적으로 대처하는 방법

"회의석상에서 상대가 본래의 주제에 벗어나 인신공격을 할 때에는 어떻게 대응해야 하는가?"

"상사가 사실과 다른 터무니없는 비난을 하며 몰아세울 때에는 어떻게 대응해야 하는가?"

리더는 상사들이 하는 것처럼 똑같이 받아칠 수는 없다. 그러나 속으로는 화가 나고 한마디 하고 싶을 것이다.

리더는 감정적 대응을 해서는 안 된다. 의견 대립에 흥분하거나 화를 내면 논리적인 대화가 전개되지 않는다.

중요한 것은 상대가 아니라 바로 나 자신이다. 여유를 갖고 대응하도록 한다.

상대가 무엇을 하든 우선 처음에는 자신의 기분을 조금이라도 좋게 하기 위하여 노력해야 한다.

여유를 갖기 위해 먼저 심호흡을 적어도 3번 이상 하라. 그리고 상대를 향해 억지로라도 미소를 지어라.

조금 안정되면, 왜 그렇게 말하는지 동기를 파악한다. 동기를 파악하는 것이 문제해결의 열쇠이다.

동기를 파악한 경우 힘들이지 말고 적당히 대응하라.

상대의 공격이 도가 지나치며 뻔뻔스럽고 무례한 경우 힘을 소모해 가며 애써 대꾸할 필요가 없으며 쓸데없이 에너지를 소모할 필요가 없다.

이런 경우에는 상대를 제풀에 지쳐 나가떨어지게 한다. 상대를 제풀에 주저앉게 하려면 그냥 한 귀로 듣고 한 귀로 흘려버리는 것이다. 즉 상대의 공격을 무시하고 지금까지 하던 일을 계속하는 것이다.

경우에 따라 그 자리에서 해결할 수 없거나 생각할 여유를 갖는 것이 필요할 경우 다시 만나자는 제안을 한다.

그러나 현장에서 적절히 대응하는 것이 좋다고 판단되면 다음의 두 가지 방법 중 하나를 택하는 것이 좋다.

첫째, 동기를 파악하고 차분히 설득해나가는 방법이다.

상대가 근거 없는 비난을 할 때, 만약 상대의 의도를 정확하게 파악하고 싶다면 한 가지 방법이 있기는 하다. 즉 "왜 그렇게 생각하지요?" 하며 되물어보는 것이다.

상대에게 무슨 의도로 그러한 말을 하는지 물어보고 나면 대응하기가 쉬워진다.

차분하게 공감할 수 있는 부분을 얘기하고 장·단점을 비교하면서 사례를 들고 설득해나간다.

상대방의 말에 귀를 기울이면서, 무조건 반대만 하지 말고, 의견의 일치를 이루는 부분을 찾도록 하면서 점차 범위를 좁혀 나가면서 문제를 단순화시킨다.

둘째, 화제를 바꾸는 방법도 있다.

자신을 방어하기 위해 상대에게 변명을 하거나 반론을 제기할 필요는 없다. 상대가 끄집어낸 이야깃거리에만 매달릴 필요는 없다. 어디에도 반드시 그렇게 해야 한다고 규정되어 있지 않고, 어느 누구도 그렇게 해야 한다고 강제할 수 없다.

그 대신에 대화의 방향을 다른 데로 돌려라. 마치 기차의

선로를 바꾸어 주듯이 말이다. 그저 간단하게 상대의 주의를 다른 데로 돌려놓는 것이다. 그것이 전부이다. 어떤 이야기라도 상관없다.

불평해소를 위한 대화하기

불평대화의 목적은 결함을 없애는 것이다.

불평을 하는 사람은 반드시 양쪽 모두에게 만족스러운 해결 방안을 찾는 것이 아니다.

여기서는 합의점을 찾는 것이 아니라서 그 불평은 한쪽에서만 효과를 얻을 수 있다.

그럼에도 불구하고 불평을 하는 사람이나 불평을 듣는 사람은 감정이 없는 대화 분위기를 만들려고 노력해야 한다.

직장에서 불평할 때도 그 목적은 결함 또는 잘못된 상황을 제거하는 것이 된다. 이 목적은 조정대화를 통해서만 달성된다. 왜냐하면 작업조건이 나쁘거나 동료들 간의 관계가 좋지 않다면, 서로 도우면서 회사 분위기를 만들기 위한 노력이 무엇보다도 중요하기 때문이다.

이 경우 불평대화가 성공하면 조정대화로 이어질 것이다.

불평을 해소하는 대화의 방법을 생각해보자.

- 불평하는 사람을 조용한 장소에서 정중하게 맞이한다.
- 관심을 보이며 당사자가 끝까지 말하게 한다. 경우에 따라서는 화나게 한 사건에 대해서 사과한다.
  중간에 타당한 점이 있으면 수긍하며 좋은 지적이라고 칭찬해준다.
- 그의 입장이 되어보며, 핵심문제점을 다 같이 찾아본다. 정당한 불평일 때 이해를 구한다.
- 문제점을 파악했으면 해결 가능성을 거론하고 제안하거나 또는 예방 가능성을 제안한다.
- 그 밖에 조언을 해주거나, 장차 신속하게 또는 더 나은 방법으로 문제해결 방안을 찾을 것이라는 희망을 피력한다.

분쟁을 조정하는 대화하기

조직 내에는 개인간, 팀간에 갈등이 있을 수 있다. 그리고 조직과 조직 외 단체와의 갈등이 있을 수 있다.

조정대화의 목적은 분쟁을 해결해서 분쟁 당사자들 사이에 의미 있는 협력관계가 다시 가능해지도록 하는 데 있다.

조정자가 공정한 주체로 분쟁 당사자들이 조정대화를 하도록 이끈다면 아주 성공적이다.

조정자가 어느 편을 드는 느낌을 보이면 대화의 장은 깨져 버린다.

문제점들을 간이차트 또는 시각화 도구를 사용해서 객관화할 수 있다. 서로의 탓으로 돌리는 것을 문제의 본질로 끌어들이거나 기록하게 할 수 있다. 이렇게 하면 남에게 책임을 떠넘기거나 불만족스럽게 해결하는 일없이 합리적이고 우호적인 대화분위기가 조성된다.

조정자는 맨 먼저 분쟁의 정도, 분쟁의 내용, 분쟁의 원인 등에 대해 말을 꺼낸다.

이어서 사안을 중심으로 이야기하는 분위기를 만들려고 노력하고, 모든 당사자들에게 분쟁을 다각적으로 파악하게 노력해줄 것을 당부한다. 그렇게 한 다음, 언급된 문제점들을 평가해서 다 같이 해결방안을 찾고, 제안된 해결방안에 대해 토론한다.

마지막으로 분쟁을 해결하기 위한 방안을 다 같이 작성하도록 한다. 모든 분쟁을 다 해결할 수 없다는 것은 자명한 사실이지만, 이것을 때로는 잊어버린다.

이미 분쟁이 해결되었거나 해결된 것처럼 보여도 신중을 기하여야 한다. 분쟁의 불씨가 남아 있는 경우가 자주 있다. 좀더 자세히 들여다보면, 어떤 분쟁들은 오해에서 생긴 경우가 있다.

또는 확실하게 분쟁거리로 보이지 않던 것이 실제로 그것을 논의하게 되면서 비로소 진짜 분쟁이 되는 경우가 있다.

생각의 샘

성숙(maturity)은 충동에 휩쓸리지 않고 참을 줄 아는 것이다. 성숙해지려면 사물을 자기가 바라는 대로 보기보다 있는 그대로 현실주의적으로 본다. 그리고 사물을 넓은 관점에서 보고, 자기 감정을 통제하며, 다른 사람과 협조적 태도를 취해야 한다.

변화를 도모하고 상황을 조정하라

1 변화에 대한 커뮤니케이션

- 자기만족을 경계해야 한다
- 변화를 도모하려면 커뮤니케이션에 능해야 한다
- 먼저, 솔직하게 밝혀 신뢰를 얻어야 한다
- 변화를 관리한다

2 상사와 커뮤니케이션 하기

- 리더십은 하향적인 것만은 아니다
- 상사의 목표가 무엇인지 알아라
- 한계는 명확히 해야 한다
- 피드백을 해달라고 요청한다
- 상사의 리더십 스타일에 맞춘다
- 직원들 앞에서 내색하면 안 된다

3 동료들과 커뮤니케이션 하기

- 가장 듣고 싶어하는 말
- 부탁하기
- 거절하기
- 관계의 끈을 끊지 말라

4 의견불일치, 칭찬으로 풀어라

- 리더는 비난받을 각오를 해야 한다
- 논쟁에 효과적으로 대처하는 방법
- 불평해소를 위한 대화하기
- 분쟁을 조정하는 대화하기

07

직원 코치하기

문제를 탓하지 사람을 탓하지 말라

| 칭찬리더십

코칭 리더십으로 전환해야 한다

권위주의를 혐오한다(hate bureaucracy).

– 잭 웰치 –

코칭 중심으로 전환해야 한다

당신의 리더십 스타일은 통제형인가?

당신은 직원들의 성장을 위해서 어떻게 하는가?

야구팀이나 축구팀 등에는 코치들이 있다.

코치는 선수를 지도하고 최고의 컨디션으로 경기에 임하도록 하며 경기가 끝난 후에는 칭찬 내지 지적을 통해 피드백 해주며 선수의 성장을 돕는다.

이렇게 보면 코칭은 남을 강하고 성공적으로 만들려는 의도를 가진 행동이라고 볼 수 있다.

GE사의 잭 웰치 회장이 재임기간 동안 혁신의 핵심과제 중에 하나로 중점을 둔 것이 바로 관리자와 임원들의 리더십이었다고 한다.

그는 조직의 미래를 이끌어 갈 인재들이 넘칠 때에 GE사는 어떤 변화에서도 우위에 설 수 있다고 확신하였다. 그래서 창의적이며 도덕적인 인재들이 실력을 발휘하기 위해서는 조직의 수직적인 전통적 위계구조를 바꾸려고 구조조정을 단행하여 성공을 거두었다.

기업의 권위주의적이며 관료주의적인 위계구조는 빠른 경쟁시대에 의사결정만 더디게 할 뿐이다.

의사결정 과정의 지연은 바로 시장을 빼앗기게 되는 가장 큰 원인이 된다.

급변하는 시장 환경에 조직이 경쟁적으로 대응하기 위하여 이제는 리더십의 패러다임이 지시·통제 중심에서 코칭 중심으로 서서히 바뀌고 있다.

즉 리더는 구성원들의 업무를 지원하고 코칭하는 역할을 담당해야 한다는 것이다.

리더는 일방적으로 지시하고 통제하고 평가하던 피라미드 형태의 역할구조를 뒤집어야 한다.

각 계층의 리더는 구성원들에게 과감하게 권한을 위임하고, 이들이 자신의 업무에서 성공할 수 있도록 지원하고 코칭하며, 피드백 하는 새로운 형태의 역할을 수행해 나가야 한다.

"여러분이 국가에 무엇을 기대하기 전에 여러분이 국가를 위해 무엇을 할 것인지를 생각하라."

유명한 존 F. 케네디 대통령의 취임연설 가운데 한 구절이다.

리더는 부하직원에 대하여 이와 같이 "여러분은 자신이 어떻게 하여 조직에 공헌할 수 있다고 생각하는가?"에 대하여 묻고, 공헌할 수 있도록 지원하는 역할을 해야 한다.

조직의 리더와 구성원들은 함께 하는 시간이 비교적 길다.

리더나 구성원들은 인생의 중요한 시기를 같이 하며 조직이라는 배에 승선하고 있다. 계급을 떠나 인생의 선배로서 후배를 성장시켜야 하는 의무도 생각해 볼 수 있다.

조직을 이끌어 나가기 위해서는 실력과 경험이 미숙한 선원인 부하직원에게 지도 내지 코칭(coaching)은 꼭 필요한 수단이다. 지도 내지 코칭은 부하직원의 현재 능력을 향상시키기 위해 앞을 내다보는 행위이자 자신의 실수나 성공으로부터 교훈을 얻도록 돕는 행위로서 동기부여의 수단이 된다.

지도함에 있어서도 현명하게 지적하는 요령이 있어야 한다.

도움을 주려는 가장 기본적인 자세는 상대방의 좋은 점을 보는 것이 기본이 되어야 한다.

리더가 구성원을 도우려는 일반적인 태도 및 마음가짐은 모범을 보이고, 충고하고, 가르치고, 훈계하고, 설득시키는 것이 가장 좋은 방법이다.

부하직원이 성장하도록 하기 위해서 리더는 다음과 같은 배려를 잊어서는 안 된다.

- 충분히 결실을 맺을 수 있는 일을 맡긴다.
- 부하직원의 능력을 믿고 일을 맡겼으면 사사건건 간섭하지 않는다.
- 부하직원이 실수를 하더라도, 충분히 그것에 대하여 알아보고 인내심을 갖고 지켜본다.
- 부하직원들이 능력을 발휘하기 쉽도록 활약할 수 있는 무대를 만들어 준다.

어떤 상사가 부하의 의욕을 죽이는가?

삼성경제연구소는 최근 '리더십과 다면평가' 보고서를 통해 부하의 근무의욕을 죽이는 상사로 10가지 유형을 제시했다.

- 부하의 의견을 듣지 않는 상사
- 토론을 통해 함께 결정한 것을 아무런 설명 없이 실행 직전에 바꿔버리는 상사
- 결정하거나 행동하지 않고 '시간벌기'만 하는 상사
- 뭐든지 하라고는 하지만 초점이 없는 상사
- 뭐든지 100% 완벽주의 태도의 상사
- 업적부진자나 팀워크파괴자, 무기력자에게 아무런 조치도 취하지 않는 상사
- 모두가 있는 데서 꾸짖는 상사
- 안 보이는 데서 험담하는 상사
- 불공평하고 편애하는 상사
- 정보를 왜곡하고 거짓말하는 상사

위와 같은 유형을 깊이 살펴보면 인격적인 문제도 있지만, 자신이 리더라는 것을 인식하지 못한 데 근본적인 문제가 있지 않나 싶다. 상사는 이제 관리자가 아니라 리더라는 생각을 가져야 하고, 어떤 행동이 리더십인가를 재삼 인식하여야 한다.

적절한 피드백을 해야 한다

사람은 일을 통해 능력을 키워간다. 좋은 일을 주지 않으면 능력을 키울 수 없다.

리더인 당신은 자신이 맡고 있는 팀이나 조직이 과거보다 좋은 성과를 내거나 목표달성하기를 희망할 것이다. 목표달성은 바로 당신의 능력으로 평가된다.

직원들이 원하는 일의 좋은 결과를 만들어내지 못하는 이유는 대개 다음과 같은 문제가 있기 때문이다.

- 무엇을 해야 할지 모르는 경우
- 어떻게 해야 할지 모르는 경우
- 하려는 의욕이 없는 경우
- 충분한 자원이 없는 경우

이러한 문제들을 해결하기 위해서는 지시·수정·피드백 등 직원들과 적절한 커뮤니케이션이 이루어져야 한다.

이와 같은 커뮤니케이션에서는 피드백이 중요한데, 이는 다른 사람이 한 일에 대해 반응을 보이는 것이다.

리더가 피드백을 하지 않으면 직원은 자기 행동을 리더가 어떻게 생각하고 있는지 알 수 없다. 또한 피드백은 그들이 하는 일에 리더가 주의를 기울이고 있으며 거기에 대해 뭔가를 하고 있다는 것을 알려주는 한 가지 방법이 된다.

리더의 피드백은 칭찬과 건설적 비판이 된다.

칭찬은 부하직원의 바람직한 행동 방식을 강화하는데 기여하고, 건설적 비판은 업무 수행에 방해가 되는 무의식적 행동 방식을 고치게 한다. 이런 피드백은 적기에 이루어져야 효과가 크다.

효과적인 피드백을 위해서는 테크닉이 필요하다.

구체적인 행동에 대해 피드백을 한다

"당신 행동이 좋습니다."라는 막연한 피드백 대신 "이번 프리젠테이션의 구성이 뛰어납니다."라고 구체적인 행동에 대해 피드백을 해야 한다.

기를 꺾는 표현을 삼간다

건설적 비판도 더 구체화되어야 하며 그렇지 않으면 인격적 비난이 된다. 비판할 경우에는 고치면 더 좋아질 것이라고 희망을 주는 표현을 해야 한다.

흠잡기 식의 비판은 삼간다

괜히 위해준다고 화려한 말로 사실을 왜곡하여 표현하거나 흠잡기 식의 비판은 코칭 피드백이 아니다.

칭찬은 사람을 일으킨다

코칭은 억압하는 것이 아니라 사람의 능력을 발휘하게끔
능력을 끌어내고 발휘할 기회를 주는 것이다.
그러려면 적절한 격려와 칭찬이 필수적이다.

리더와 직원의 관계처럼 비교적 오랫동안 지속되는 관계는 서로의 눈빛만 봐도 알 수 있고 상대가 어떻게 나오리라고 예견도 가능하고, 커뮤니케이션 방식이 정형화되어 서로 무덤덤해진다.

그래서 잘하는 것이 당연하고, 잘못하는 것도 그의 성격 탓이라고 여겨 피드백을 안 하게 된다.

부하가 아무리 일을 잘해도 칭찬과 격려를 하지 않는 상사들이 있다.

그들은 부하가 실수하면 기다렸다는 듯이 "자네는 하는 일마다 그 모양인가?"라고 호통친다. 이 일이 반복되면 그 직원도 '난 역시 무능한 사람인가 봐'라며 체념하고 결국 새롭고 생산적인 아이디어를 내는 것도 포기한다.

상사도 점점 무기력해지는 부하에게 '역시 무능한 사람이야'라고 결론짓고 중요한 일을 맡기지 않는 악순환으로 이어진다.

마침내 우수한 잠재력이 있는 유능한 직원도 상사를 잘못 만나 무능한 사람으로 전락한다. 직원이 무능해지는데 회사가 잘되는 것을 바랄 수도 없다.

부하에게 칭찬할 줄 모르는 사람은 직원의 성공을 방해하는 사람이다.

최고 경영자가 "자네만 믿네. 우리 회사의 미래는 자네의 젊음과 창의력에 달렸어."라고 말할 때, 부하직원은 말할 수 없는 힘과 용기가 생긴다.

주말 퇴근 무렵 "이번 주 여러분이 쏟은 노력에 감사 드립니다."라고 치하의 말을 하면, 성원들은 자신들의 수고를 인정받았다는 사실을 새삼 깨닫고 기뻐하게 됨은 물론 성원의 의욕이나 동기를 유지시키는데 중요한 역할을 한다.

당연히 칭찬과 치하에는 진심이 실려야 한다. 사무적으로 무표정하게 "수고했어."라는 말은 효과가 없으며, 진심이 실려야 한다. 그리고 은은하면서 매우 효과적인 찬사를 한다.

늘 부하직원들에게 칭찬만 하다 보면 칭찬의 효과가 떨어진다. '그냥 하는 소리지' 하고 칭찬을 받는 당사자도 무덤덤하게 생각한다. 극적인 장면을 통해 효과를 극대화시켜야 한다.

어떤 업무를 추진할 때 작업이 완료될 때까지 엄격한 태도를 취하고 결코 칭찬을 하지 않는다.

그리고 일이 지연되고 실수가 발견되면 즉시 야단을 친다. 그러나 일이 무사히 완료되었을 때 "아주 잘했어. 이렇게까지 했는데 칭찬을 하지 않으면 정말 내가 나쁜 사람이지." 하며 환한 얼굴로 극찬을 한다.

이때 칭찬은 구성원 전원에게 피로를 잊게 하고 보람을 느끼게 할 것이다.

생각의 샘

상사가 부하를 인정하고 존중하는 언어를 사용할 때 의욕이 생긴다. 따라서 말을 할 때도 칭찬과 덕담을 하고 단점보다 장점을 인식하여 의욕을 키워주어야 한다.

정확하게 지시하기

지도자는 고독하나 그것을 참아내야 한다.

- 나폴레옹 -

지시는 정확성이 생명이다

당신은 지시를 할 때 얼마나 정확히 하는가?

지시할 때 직원의 경험을 중시하는가?

리더가 무엇무엇을 하라고 지시하거나 명령할 때에는 부하
직원이 그것을 따르는 것이 당연하다고 생각하고 있다.

그러나 부하직원은 반드시 그렇게 생각하지 않는다.

"예."라고 대답하여 일단 지시를 받아들인 것처럼 보이더

라도, 실제로는 아무것도 하지 않거나 표면적이고 형식적인 것만 하고서 '지시받은 대로 일을 했다'는 식으로 되는 경우가 많다. 정말로 승복하여 열심히 일을 하는 것과는 매우 큰 차이가 생기게 된다.

조직에서 문제가 생기면 직원들은 흔히 "그런 말씀하신 적 없는데요."라고 말한다. 이런 말이 나오면 성과는 보나마나이다.

일의 시작은 지시로부터 시작한다. 지시는 일하는 기회를 부여하는 것이 된다. 직원들도 지시를 받으면 해석을 한다. 여기에서 오류가 발생할 수 있다.

지시는 정확성이 생명이다. 그래야 직원들이 정확하게 일을 처리할 수 있다.

이렇듯 좋은 성과를 얻기 위한 첫 단계는 정확하고 완벽한 지시를 내리는 것에서 시작한다.

지시란 ① 내리기 전에 고려해야 할 일, ② 지시를 내리는 일, ③ 작업이 끝난 뒤의 세 단계로 나눌 수 있다.

지시를 내리기 전에 고려해야 할 일

리더가 원하는 결과는 리더의 머릿속에만 있다. 그러나 함께 일하는 직원들은 리더가 무슨 생각을 하고 있는지 모를 뿐만 아니라 그들의 인식도 리더와 다르다.

리더는 보통 오랜 경험과 창의력을 바탕으로 훌륭한 해결책을 많이 알고 있다.

지시를 내리기 전에 먼저 생각을 정리해 두면 훨씬 정확하고 분명한 지시를 할 수 있고 빠뜨리거나 실수를 할 가능성도 줄어든다.

생각을 정리하는 일은 직원을 만나기 바로 전에 하면 시간도 얼마 필요하지 않고 들인 시간 이상의 만족스러운 효과를 얻을 수 있다.

그렇다면 지시를 하기 전에 어떤 생각을 하면 좋을까?

지시를 하기 전에 육하원칙(5W1H)에 의거하여 무엇을, 누가, 언제, 어디서, 어떻게, 왜 하는지에 대해 생각해야 한다. 지시를 받는 직원들의 마음속에 떠오를 내용이 바로 이것이기 때문이다.

무엇(WHAT)

최종 결과물이 무엇인지 정의를 내리고 세세한 기준을 설정한다.

일이 중요하면 중요할수록 원하는 것이 무엇인지 정확하게 하는 것이 필요하다. 요구 사항을 세세하게 열거한 지시서를 작성해 보는 것도 중요하다.

이를 작성하면 부주의로 누락하거나 중요한 요점을 이야기하지 않고 넘어갈 것을 방지할 수도 있고, 나중에 지시를 들었던 직원이 한 실수나 빼먹은 일도 없게 된다.

누가(WHO)

이 일에 적임자가 누구일지 결정한다. 적임자를 결정할 때는 직원의 기술, 섭외능력, 일을 할 준비가 얼마나 되어 있는지 등을 고려한다.

일을 맡은 사람이 궁금해 하는 사항이 있거나 도움을 요청할 때 누구에게 찾아가면 될지도 생각해 둔다.

지시를 수행할 직원이 현재 하고 있는 일이 있다면 그 일에 비해 더 중요한 지, 덜 중요한 지 일의 우선 순위에 대해 생각해야 한다.

언제(WHEN)

일에는 마감 날이 있다. 상사나 고객에게 결과물을 전달하는 날이 아니라 리더의 손에 언제까지 결과물이 들어와야 하는지를 예측한다.

그 날짜에 맞추어 전체적인 스케줄을 짜고 약간의 시간적 여유를 둔다. 또한 중간 점검을 하는 날짜도 정해둔다.

어디서(WHERE)

정보와 자료를 수집할 수 있는 곳이 어디인지 알아둔다. 만일 회사 밖에서 도움을 받아야 하는 경우 어디로 가면 되는지 알려준다.

왜(WHY)

지시를 내릴 계획을 세울 때 직원이 "이건 왜 하는 일이지요?"라고 물을 때 대답할 준비도 해야 한다. 해야 할 일이 얼마나 중요하며, 어떤 의미가 있는지를 충분히 알리는 것이 동기유발에도 중요하다.

어떻게(HOW)

일의 처음부터 끝까지 단계별로 어떻게 일해야 할지를 기술해본다. 이런 세밀한 작업과정 지시는 경험 많은 직원에게 할 때는 필요하지 않음은 물론이다. 이들에게는 리더가 원하는 것이 무엇인지만 말해 주면 된다.

지시를 할 때 어떻게 할까?

지시하기 전에 생각했던 바를 담당할 직원에게 구체적으로 설명해준다.

지시를 내릴 적당한 시점은 언제일까?

직원이 집중해서 경청할 수 있고, 리더도 지시하는 데 집중할 수 있어 잘 설명할 수 있는 좋은 시간대를 찾아야 한다.

만일 직원이 다른 일로 바빠서 집중하기 어렵거나, 리더도 자꾸 전화가 오는 등 대화의 흐름이 끊기게 되면 중요한 내용을 놓치는 잘못을 할 수 있다.

지시는 직원에 맞추어 이해하기 쉬운 말로 내려야 한다. 여기서 직원이 그와 비슷한 일을 했는지가 설명의 깊이를 결정하게 된다.

지시를 내릴 때 샘플을 보여주거나 표, 모델, 그림 등의 시각자료를 충분히 활용하면 직원이 이해하기 쉽다.

여러 단계에 걸쳐 지시를 내릴 때에는 한 단계가 끝난 다음에 "질문 있나요?"라고 물어봐야 한다. 이야기하는 동안 직원이 고개를 끄덕였다고 해서 충분히 이해하고 있다는 뜻은 아니라는 것을 알아야 한다. 그래야 직원들에게 의문사항이나 불분명한 점이 있다면 바로 알려줄 수 있다.

그리고 만일 시간이 촉박한 일이면 "언제까지 할 수 있습니까?"라고 물어본다.

지시 내용을 되풀이해 보라고 한다

직원이 '할 수 있는지', '알고 있는 것인지', '알지 못하고 있는 것인지'에 대해 충분히 살펴볼 필요가 있다.

지시를 끝낸 뒤에 "알겠어요?", "이해하겠습니까?" 같은 막연한 질문은 안 하느니만 못 할 수 있다. 그런 말을 들으면 건성으로 대답하게 된다.

"내가 정확히 얘기했는지 확인했으면 합니다. 내가 지금 해달라고 한 일이 어떤 것인지 얘기 좀 해주세요?"라고 말한다.

이렇게 해야 지시 사항을 얼마나 숙지했고 잘 이해했는지 확인할 수 있고 빠진 것은 없는지 알아 볼 수 있다.

지시가 끝난 뒤 중간 점검할 필요가 있는 경우에는 "다음주 같은 시간에 만나 얼마나 진행이 되었는지 봤으면 합니다."라고 말한다.

직원들은 시간 내에 할 수 있냐고 물으면 불가능한 경우에도 고개를 끄덕이며 "할 수 있습니다."라고 긍정적인 답변을 하는 경향이 있다. 이 경우 일을 시간 안에 끝내지 못하는 불상사가 생긴다.

따라서 "당신만 믿습니다."라든지 "우리 팀의 능력을 보여주는 일입니다."라는 식으로 직원에게 책임감을 심어주는 말을 함께 하는 것도 좋다.

결과를 보아 추후 지도한다

지시를 내린 뒤에 결과물을 가져오면 다음의 과정을 거쳐 마무리한다.

결과가 좋다면 파안대소를 하며 정말 "수고했습니다."라는 식으로 아낌없는 칭찬을 하며 긍정적인 피드백을 해준다. 그리고 점진적으로 독립하여 자율적으로 일을 하게 한다. 물론 가끔 상담해 주는 상대가 되어 주는 것이 필요하다.

그렇게 하는 사이에 일하는 방법을 자발적으로 연구하여 개선에 관한 방법을 해낼 수 있고, 더욱 좋은 방법으로 후배들을 지도할 수 있게 된다.

좀더 발전시킬 부분이 있다면 "고생했어요. 그러나 앞으로는 이렇게 했으면 더 좋겠네요."라고 그 부분을 자세히 설명해주는 피드백을 해준다.

최종 결과물이 만족스럽지 못하면 먼저 지시에 어떤 문제가 있었는지 평가해보고, 무엇이 문제였나 밝혀본다.

그리고 그 직원이 다음에 더 잘하기 위한 방법은 무엇이 있는지 생각해보도록 한다. 이때 리더는 참을성 있게 친절하게 격려하면서 시정하도록 권고한다.

말이든 행동이든 올바르다고 생각하는 일을 하는 것이 바람직하
다. 남이 뭐라고 말할까를 생각하다 아무것도 못 하는 것은 바람
직하지 않다.

지적하고 바로잡기

03

위대한 것은 방향을 결정하는 것이다.

－니 체－

방치하면 문제가 커진다

직원이 잘못하였을 경우 어떻게 질책하는가?

잘못을 지적할 때 무엇을 중시하는가?

부하직원의 과오를 목격하면 화가 머리끝까지 치밀어 올라 "정신을 어디다 놓고 다니는 거야!", "뭐하러 다니는 거야!", "이것도 제대로 못 해!" 하고 큰소리로 내뱉는 상사도 있다.

그러나 질책의 정도가 심하면 오히려 수긍하기보다는 반

발하는 경우도 있으며, 심지어 반감을 품기도 하며 씩씩거리며 사표를 내던지는 경우도 일어난다.

요즈음 자기 주장이 강한 신세대가 많은 직장에서는 너그러운 얼굴로 보통의 목소리로 주의를 주는 것이 조직을 이끌어 나가는 데 보다 효과적이라고 생각하는 리더들이 늘어가고 있다.

리더는 직원의 능력을 앞으로 달성해야 할 목표와 관련지어 평가해야 할 임무를 가지고 있다. 직원의 능력은 행동으로 나타난다.

직원의 행동에 문제가 있고, 그로 인해 팀이나 조직에 영향을 미치는 경우가 있다. 그의 이런 행동 문제를 바로 지적하는 게 꺼려지는 일이 요즘 리더들의 고민이다.

사람은 어떤 곤란한 문제에 맞닥뜨려 대화를 나눠야 할 상황에 처하면 항상 불쾌한 반응을 보이는 장면을 머리에 떠올리게 된다. 그리고 상대에 대해 연민의 정을 느끼며 망설이게 된다. 그냥 시간이 흘러 문제가 사라져버리기를 기대하지만 그런 경우는 드물다.

문제를 정면 돌파하지 않고 미루는 경우 문제가 지속되거나 커지거나 한다.

일부 직원의 부적절하고 용납될 수 없는 행동이 묵과되는 경우, 다른 직원들도 '오, 그래도 된다 이거지. 나도 그러지 뭐' 라고 생각하기 쉽고, 그렇게 행동한다.

몇몇 직원이 그런 비생산적인 행동 패턴을 따르고, 그것이 조직에서 일반적인 것이 되어버리면 팀 전체가 위기에 빠질 것이다.

고칠 수 없을 정도의 문제가 지속되고 이 때문에 다른 사람들의 일조차도 어려워지고 지연된다면 시간이 지나면서 사기가 떨어지게 된다. 사기의 저하는 생산성의 저하로 곧바로 이어진다.

리더가 마음 먹고 직원에게 문제를 지적하고 고치라고 했는데 만일 그 직원이 기분 좋게 웃으면서 "아, 그래요? 신경 써주셔서 고맙습니다. 다음부터는 그러지 않도록 하겠습니다."라고 말한다면 얼마나 좋을까?

그러나 많은 직원들은 지적을 비판으로 받아들이고 방어적으로 반응한다. 그러므로 방어적 반응이 올 것을 예상하고 마음의 준비를 하고 있어야 한다.

리더는 항상 일에서 무엇이 중요한 지 고민하며, 직원을 리드하며, 이를 실행할 무한한 책임감을 갖는다. 따라서 리더는 부하직원을 능숙하게 꾸짖을 줄 알아야 한다.

문제를 탓하지 사람을 탓하지 말라

어떤 일에 문제가 있을 때 그것이 그 사람 때문이라는 생각을 하는 경향이 있다. 문제와 사람을 동일시하는 것은 더 큰 문제를 야기한다.

만일 그렇게 생각한다면 문제가 어떻게 해결되더라도 그 직원과 관계를 맺는 데에 안 좋은 영향을 미치게 될 것이기 때문이다.

결국 사람을 변화시키는 것은 무척 어려운 일이라는 걸 깨닫게 될 때 리더가 느낄 좌절은, 문제를 해결하지 못한 것과는 다른 차원의 괴로움을 주게 된다.

그러므로 자신이 할 일은 직원의 문제가 되는 행동을 지적하고 고치도록 하는 것으로 명확히 규정한다.

직원의 문제 행동이 그 사람의 태도와 연관되어 있는 경우 리더는 종종 난처한 입장에 처해진다. 자칫 문제 직원의 모든 것을 폄하하는 것이 될 우려가 있기 때문이다.

그러나 태도가 나쁜 경우, 그 사람의 업무뿐만 아니라 팀의 사기와 생산성에 부정적인 영향을 끼친다.

비록 태도가 행동에 영향을 미치기는 하나 직접적으로 '태도'란 표현을 써서 지적하는 것은 삼가는 것이 좋다. 그런 말을 듣는 경우 자신의 인격적 결함에 대한 문제로 받아들이기 쉽기 때문이다.

그러므로 '태도 문제'를 지적해야 할 필요가 있는 경우 구체적인 행동을 가지고 태도에 대해 언급해야 한다.

또한 문제가 있을 때 바로 지적한다. 문제 지적을 미루는 동안 내내 같이 일하는 그의 동료들에게 괴로움을 주는 일이고, 기다리는 동안 리더의 일 또한 힘들어진다.

동료들이 모두 모여 있든 곳에서 피드백을 줘서는 안 된다. 어느 직원이 공개적으로 질책을 받으면 동료 직원들은 개인에 대한 질책이 아니라 직원 전체에 대한 질책으로 받아들여 전체 직원의 사기가 떨어질 가능성이 있다.

요즘 신세대들은 동료의 시선에 더 예민하다. 공개적으로 비난받으면 동료와의 관계에서도 주눅들고 이를 잘 극복하지 못한다. 그렇기 때문에 가급적 제3자나 여러 직원들이 보는 앞에서 질책하는 것은 피하고 방해받지 않는 적절한 시간과 장소를 선택해서 지도를 해야 한다.

설령 어떤 사람에게 고쳐야 할 문제가 여러 개 있다 하더라도 모두 한 번에 다루지 말고 가장 중요한 것부터 시작한다. 나머지 문제는 첫째 문제가 해결되는 것을 보면서 차차 꺼내도록 한다.

한 번 만나서 여러 가지 행동 문제를 한꺼번에 다루면 '난 나쁘구나' 하며 좌절하게 되어 더 이상 얘기를 들으려 하지 않게 된다.

지적하고 고치기 위한 대화의 테크닉

"당신의 태도는 항상 너무 부정적이라 팀 전체의 사기를 떨어뜨리고 있습니다. 당신 때문에 문제가 발생하고 있습니다."

"이 일이 도대체 어떻게 된 것입니까?"

"죄송합니다."

"무조건 죄송하다는 말로 끝날 문제가 아니지 않습니까!"

"……."

이런 식의 말은 지적하고 고치기 위한 대화가 아니라 협박과 명예 훼손, 인신공격일 뿐이다.

인신공격에는 '언제나', '결코', '항상', '완전히', '철저히' 등 여러 부사가 사용된다. 인신공격에는 어떤 구체적 행동에 대한 지적도 없으며 앞으로 어떻게 하면 좋을지 방향 제시도 없고 행동 변화의 동기 유발도 없다.

지도는 구체적이어야 하며 명확해야 한다.

사람은 누구나 실수를 할 수 있다. 실수를 했다고 해서 그 사람의 인격 전체를 비난하는 것은 삼가야 한다.

"당신은 이 조직에서 정말 있어서는 안 되는 사람이야!"

"뭐야! 우리 부서는 물론이고 회사 전체를 망치고 있잖아!"

가뜩이나 고통을 받고 있는 당사자는 잘못과 직접 관련이 없는 부분까지 비난을 받게 되면 지도의 효과를 얻을 수 없다.

지도의 화제는 문제된 사안이나 직무와 관련된 행동 양식이나 목표 및 직무성과에 영향을 미치는 당사자의 언행에만 한정시킨다.

관계 자료를 제시하여 문제가 무엇인가를 정확히 밝히고 개선을 요구하는 것이 합리적인 지도가 된다.

효과적인 대화를 위해 다음과 같이 직원의 가슴에 깊은 상처를 주지 않고 고치려는 마음을 스스로 갖게 해야 한다.

코멘트에 균형을 유지한다

잘못했다고 부정적인 면만을 강조한다면 당사자는 자신을 무능력한 사람이라고 평가하여 일할 의욕까지 잃어버릴 수가 있다.

따라서 꾸짖기와 칭찬하기를 절묘하게 구사하여 잘못을 고치고 새로운 의욕을 갖게 해야 지도의 목적이 달성되는 것이다.

질책하기 전에 칭찬을 해서 당사자가 쉽게 비판을 받아들이도록 만들어 놓으면 질책의 효과도 높아지고 당사자도 균형감각을 유지할 수 있다.

지도할 때에는 "당신의 이런 점은 매우 훌륭하다."는 긍정적인 코멘트와 "이런 점이 개선된다면 더욱 효과적일 것 같

다."는 건설적인 코멘트를 적절히 섞어 동기부여하는 것을
잊지 말아야 한다.

고칠 행동을 명확히 지적하고 그 행동으로 인해 생길 문제가 무엇인지 밝힌다

말을 할 때는 "내가 요즘 ○○씨의 보고서를 훑어보니 이런
문제가 있더군요."라는 식으로 한다.

상황이 허락하면 개방적 질문으로 대화를 유도하고, 상대방의 입장에서 생각하고 들을 준비가 되어 있다는 것을 알린다

"이 문제의 원인이 뭐라고 생각합니까?", "이유가 무엇이
지요?"라는 식으로 묻고 상대방의 설명을 경청한다.

질책은 개선을 하기 위한 것이다

직원에게 달갑지 않은 말을 하고 앞으로 어떻게 해줄 것을
요구하는 지시를 하지 않는다면 지도의 목적을 상실하게 된
다. 향후 직원이 무엇을 하고, 어떤 개선된 결과가 나와야 하
는지 확실히 인식하도록 한다.

당신이 바라는 바를 말한다. 요구되는 바, 원하는 것, 어떻
게 바뀌었으면 좋을지 분명하게 얘기하고, 그렇게 바뀌서 생
기는 긍정적인 측면을 부각해 동기를 유발한다.

잘 이해했는지 확인하기 위해 개방적인 질문을 한다

"내가 지금까지 한 말에 대해 의견 있나요?", "이 문제에 대해 어떻게 생각합니까?" 하고 물어 답이 나오면 마무리하는 과정으로 들어간다.

행동 변화에 기대되는 시간을 정해 알린다

예를 들어 "오늘부터… 기를 기대합니다."라고 하거나, 그 사람이 변화할 충분한 시간을 준다. 문제를 해결하고 실적을 향상시키는데 리더가 그들과 함께 노력할 의사가 있다는 것을 알린다.

문제점을 지적하고 난 뒤 그 직원의 행동이 눈에 띄게 좋아졌다면 따로 불러 "그것 봐요. 잘할 수 있잖아요. 앞으로 노력을 기대합니다." 하며 칭찬을 아끼지 말아야 한다.

좋은 방향의 칭찬과 피드백은 그렇게 변화한 직원을 고무시키고 또 변화된 행동을 강화시킨다. 또 리더로서 그 직원과 좋은 관계를 맺는 데 균형 감각도 맞출 수 있다.

적절히 칭찬을 하는 모습을 보여야 '잔소리꾼'이나 '폭군'이 아니라 뭔가 좋은 방향으로 이끌어 가려는 사람으로 자리 매김될 것이다

생각의 샘

상사가 먼저 화를 내거나 폭언을 하면 직원들은 그 순간부터 그에 대한 존경심은 사라지게 된다. 자식들 앞에서도 마찬가지다. 따라서 상사나 부모는 분을 억제한 냉정함 속에 직원들이나 자녀를 지도해야 바른 교육을 할 수 있다.

당연한 것을 칭찬하라

04

사람은 칭찬을 먹고사는 동물이다.

제대로 일하고 있다는 것이 칭찬의 대상이 된다

부하직원이 주어진 일을 정연히 잘하는 것을 당연한 것이라고 생각하여 칭찬하려고 하지 않는 리더가 많다. 당연한 것을 하지 않는 점을 찾아내서 책망하려고 한다.

그러나 제대로 일이 진행되고 있다는 것은 곧 부하직원이 노력하고 있다는 증거이다.

미 해군의 어떤 군함에서 배 안의 청소를 일과로 하는 존이라는 수병은 언제나 흠을 들추어 욕을 하는 폴이라는 소대장의 희생자였다.

처음에 존은 지적받은 사항을 개선하려고 노력하여 "잘했다"는 위로의 말을 기대하였다. 그러나 소대장은 결코 칭찬을 하지 않았다.

존이 아무리 열심히 노력하여도, 소대장은 여전히 흠을 들추어 욕을 했다. 마지막으로 존은 '청소를 하나 안 하나 마찬가지다. 기왕 야단 맞을 바에야 일을 하는 것도 바보 같은 짓이다' 라는 생각이 들어 일을 하지 않았다. 그 결과 소대장으로부터 더욱 엄한 처벌을 받았다.

우연히 어떤 조사에서 이 사실을 알게 된 함장은 곧 바로 소대장을 해임시켜 버리고 존의 명예를 회복시켜준 다음, 이렇게 말했다고 한다.

"리더는 부하가 당연한 의무를 다한 경우라도 이것을 칭찬하며 격려하는 데 게을러서는 안 된다. 그러한 방법은 상황판단에 따라 리더 자신이 궁리하여야 한다."

리더가 부하직원을 칭찬할 장면은 많으면 많을수록 좋다. 기회를 만들어서라도 칭찬하는 횟수를 늘려야 한다.

칭찬을 성장시키는 도구로 사용하라

자기 일처럼 기뻐하며 부하직원의 활약을 지켜보아주는 리더야말로 참다운 지도자이다.

"상은 작은 것도 놓치지 말고 벌은 가급적 큰 것이라도 용서하라"는 말이 있다. 이는 작은 것도 빼지 말고 칭찬하라는 뜻이다. 상은 누가 주는가? 리더이다.

처음부터 작은 일에 칭찬받는 부하가 큰일도 해낸다는 것을 염두에 두고 작은 것부터 시작함이 좋을 것이다.

"짧은 시간에 보고서를 잘해주었네." 하며 감사의 뜻을 전하고 그 후에 "문제점을 정확히 지적하고 해결방안을 명쾌하게 제시했네. 앞으로도 부탁하네."라는 식으로 방향을 제시하며 칭찬하면 확실한 동기부여가 되어 일에 몰입하게 될 것이다.

화려한 무대를 마련하라

"눈도 입과 같이 말을 한다."라고 하듯 비록 입으로 칭찬을 안 하더라도 웃으면서 잘했다고 고개를 끄떡이면 말로 하는 만큼 효과가 있다.

때로는 악수나 어깨를 두드리는 몸짓으로 칭찬하는 것도 좋다. 물론 말과 함께 한다.

항상 부하직원의 면전에서 구두로 칭찬한다면, 리더의 마음이 제대로 전달되지 못하는 경우도 있을 수 있다.

칭찬도 이벤트화하면 기쁨이 두 배가 된다.

메모를 해서 대상자의 책상에 놓아주는 것도 효과가 크다. 생각지도 못한 메모를 받은 사람은 말로 듣는 칭찬보다 두고 두고 기억에 남을 것이다. 서신도 좋다.

칭찬을 공개적으로 하면 자부심이 생긴다

"여러분들이 잘해준 덕으로 놀라운 성과를 얻게 되어 매우 기쁩니다. 오늘밤 내가 쏘겠습니다."라고 신세대 용어를 사용해 말하며 회식을 하거나 성의표시로 선물을 주는 것도 좋다.

한나라 무제 때 장탕(張湯)이란 법집행자가 있었다

그는 부하들의 재능을 인정할 뿐만 아니라 공을 나누어주기까지 했다고 한다. 그러한 결과 백성들이 우러러보고 같은 관직에 있는 사람도 이를 모범으로 삼았다고 하여 후에 재상이 되었다고 한다.

예를 들면, 임금에게 보여야 할 판결문이 무제의 질책을 받게 될 때는 곧 자신의 잘못을 사죄하고 군주의 뜻에 따랐는데, 그럴 경우 언제나 유능한 부하의 이름을 대면서 이렇게 대답했다고 한다.

"방금 군주께서 지적하신 내용은 부하 중 ○○○가 저에게 건의해 왔는데, 신이 불초하고 무능하여 그만 기각하고 말았습니다. 모든 책임은 신의 어리석음에 있습니다."

반대로 올린 판결문이 무제의 마음에 흡족하여 칭찬을 받게 되면 역시 부하의 이름을 대면서 말했다고 한다.

"이 판결은 제가 내린 것이 아니라 부하인 ○○○가 강력하게 건의했기에 채택한 것입니다."

이와 같이 특정인 앞에서 칭찬하는 방법도 효과가 크다. 부장이 사장이 임석한 자리에서 부하를 칭찬하고 격려하면 어떨까?

그 효과는 생각지도 못한 결과를 가져올 것이다.

조직 발전에 큰공을 세우면 이에 맞게 칭찬의 강도를 달리해야 한다.

성과에 대한 발표를 문서로 작성하여 나누어주고 발표대회를 개최하여 표창장을 주며 연설하게 하든가 기념 파티를 하는 등 여러 가지 칭찬하는 화려한 무대를 마련한다. 경우에 따라 직원의 실력을 보도자료를 통해 언론에 PR한다.

생각의 샘

인간은 여러 유형이 있고 제각기 장·단점을 가지고 있다. 하지만 사람을 기르는데 가장 중요한 것은 상대방의 장점을 봐주는 것이다.

참고문헌

• **기업경영문제연구소 편** : 『이야기 육도삼략』. 비즈니스아카데미, 1997.

• **김성국** : 『조직과 인간행동』. 명경사, 2001.

• **김진우** : 『언어 그 이론과 응용』. 탑출판사, 2003.

• **래니 어래돈도 저 · 하지현 역** : 『커뮤니케이션의 기술』. 지식공작소, 2002.

• **리처드 도위스 저 · 허경호 역** : 『스피치에 강한 리더가 성공한다』.

삼진기획, 2002.

• **발타자르 그라시안 저 · 두행숙 역** : 『세상의 지혜』. 둥지, 1993.

• **백기복** : 『조직행동연구』. 법문사, 2002.

• **양창삼** : 『인간관계론』. 경문사, 1999.

• **엘리자베트 하버라이트너 외 · 이영희 역** : 『코칭리더십』. 국일증권경제연구소, 2002.

• **카마다 마사루 저 · 강영진 편역** : 『리더십의 포인트』. 갑진출판사, 1996.

• **후쿠다 다케시 저 · 임희선 역** : 『설득의 마술』. 청림출판, 2003.

• **Paul Whitney 저, 이승복 · 한기선 역** : 『언어심리학』. 시그마프레스, 2002.

한국스피치&리더십센터 안내

1. 한국스피치 & 리더십센터에서는 최신 SL 교육을 통해 대화기법, 설득기법, 연설, 발표, 브리핑, 면접기법 등을 익혀서 어떠한 상황과 장소에서도 당당하고 자신감 넘치는 스피커로 변화시켜 드립니다.

2. 교육 과정

전문교육과정	
스피치 리더십 과정(초 · 중 · 고급)	기업체 출장 교육 과정
CEO 커뮤니케이션 과정	강사 트레이닝 과정
선거연설 과정	이미지 메이킹 과정
레크리에이션 과정	영어 프리젠테이션 과정
언어클리닉 과정	방학 특강 및 합숙 과정

3. 개강 : 매월 초 개강

4. 당 센터 프로그램의 특징

- 수강생과 상담하여 각종 테스트를 거쳐 교육 과정에 배치
- 전문강사의 개별 평가와 학습 지도 실시
- 최종 평가를 통해 수료증 발급
- 수료 후에도 리콜제 실시
- 각 단계마다 2~3개월 과정
- 개인지도도 실시
- 최고의 강사진, 체계적인 최신 SL 교육 실시
- 과학적이고 참신한 교육으로 스피치 능력을 극대화시킴

서울시 종로구 종로2가 12번지 통일빌딩 5층
Tel : 02)7373-477   Fax : 02)7373-478
Web Site : http://www.speech365.com
E-mail : speech365@speech365.com

가림출판사 · 가림M&B · 가림Let's에서 나온 책들

문 학

바늘구멍
켄 폴리트 지음 / 홍영의 옮김
미국 추리작가 협회의 최우수 장편상을 받은 초유의 베스트 셀러로 전쟁을 통한 두뇌싸움을 치밀하고 밀도 있게 그려낸 추리 소설. 신국판 / 342쪽 / 5,300원

레베카의 열쇠
켄 폴리트 지음 / 손연숙 옮김
최고의 모험, 폭력, 음모 그리고 미국적인 열정 속에 담긴 두 남녀의 사랑이야기를 독자들의 상상을 뒤엎는 확실한 긴장감으로 마지막까지 흥미진진한 켄 폴리트의 장편 추리소설.
신국판 / 492쪽 / 6,800원

암병선
니시무라 쥬코 지음 / 홍영의 옮김
암병선을 무대로 인간생명의 존엄성을 지키기 위해 불의와 맞서는 시라도리 선장의 꿋꿋한 의지와 애절한 암환자들의 심리가 생생하게 묘사된 근래 보기드문 걸작.
신국판 / 300쪽 / 4,800원

첫키스한 얘기 말해도 될까
김정미 외 7명 지음
이 시대의 젊은 작가 8명이 가슴속 깊이 간직했던 나만의 소중한 이야기를 살짝 털어놓은 상큼한 비밀 이야기.
신국판 / 228쪽 / 4,000원

사미인곡 上·中·下
김충호 지음
파란만장한 일생을 보낸 정철의 생애를 통해 난세를 살아가는 우리에게 삶의 지혜와 기쁨을 선사하는 대하 역사 소설.
신국판 / 각 권 5,000원

이내의 끝자리
박수완 스님 지음
앞만 보고 살아가는 우리에게 자신을 뒤돌아볼 수 있는 여유를 갖게 해주는 승려시인의 가슴을 울리는 주옥 같은 시집.
국판변형 / 132쪽 / 3,000원

너는 왜 나에게 다가서야 했는지
김충호 지음
세상에 대한 사랑의 아픔, 그리움, 영혼에 대한 고뇌를 달래야 했던 시인이 살아 있는 영혼을 지닌 이들에게 전하는 사랑의 메시지. 국판변형 / 124쪽 / 3,000원

세계의 명언
편집부 엮음
위인이나 유명인들의 글, 연설문 혹은 각 나라에서 전해져 오는 속담을 통하여 지난날을 되새겨보는 백과전서로서, 오늘을 반성하는 교과서로서, 그리고 미래를 설계하는 참고서로서 역할을 해줄 것이다. 신국판 / 322쪽 / 5,000원

여자가 알아야 할 101가지 지혜
제인 아서 엮음 / 지창국 옮김
남녀가 함께 살면서 경험으로 터득한 의미심장하면서도 재미있는 조언들을 발췌한 내용으로 독신의 삶을 청산하려는 이들이 알아야 할 유용하고 상상력 풍부한 힌트로 가득찬 감동의 메시지이다. 4·6판 / 132쪽 / 5,000원

현명한 사람이 읽는 지혜로운 이야기
이정민 엮음
현대를 살아가는 우리들에게 삶의 가치를 부여해주고 자기 성찰의 기회를 갖게 해준다. 신국판 / 236쪽 / 6,500원

성공적인 표정이 당신을 바꾼다
마츠오 도오루 지음 / 홍영의 옮김
자신뿐만 아니라 주위 사람들의 마이너스 사고를 플러스 사고로 바꾸어서 사람의 마음을 움직이며, 그리고 사람의 마음에 남는 최고의 웃는 얼굴을 만드는 비법 총망라!
신국판 / 240쪽 / 7,500원

태양의 법
오오카와 류우호오 지음 / 민병수 옮김
불법 진리 사상의 윤곽과 그 목적·사명을 명백히 함으로써 한 사람 한사람의 인간이 깨달음을 추구하고 영적으로 깨우치기 위한 명확한 방향을 제시하였다. 신국판 / 246쪽 / 8,500원

영원의 법
오오카와 류우호오 지음 / 민병수 옮김
일찍이 설해졌던 적도 없고 앞으로도 설해지지 않을 구원의 진리를 한 권의 책에 이론적 형태로 응축한 기본 삼법의 완결편.
신국판 / 240쪽 / 8,000원

석가의 본심
오오카와 류우호오 지음 / 민병수 옮김
석가모니의 사고방식을 현대인들에 맞게 써 현대인들이 친근하게 석가모니에게 다가설 수 있게 한 불교 가이드서.
신국판 / 246쪽 / 10,000원

옛 사람들의 재치와 웃음
강형중·김경익 편저
옛 사람들의 재치와 해학을 통해 한문의 묘미를 터득하고 한자를 재미있게 배우며 유머감각까지 높일 수 있는 일석삼조의 효과 만점. 신국판 / 316쪽 / 8,000원

지혜의 샘터
쇼펜하우어 지음 / 김충호 엮음
쇼펜하우어의 철학체계를 통하여 풍요로운 삶의 지혜를 얻고

기쁨을 얻을 수 있도록 꾸며 놓은 철학이야기.
4 · 6판 양장본 / 160쪽 / 4,300원

헤세가 너에게
헤르만 헤세 지음 / 홍영의 엮음
순수한 애정과 자유를 갈구하는 헤세의 아름다운 세상을 통한
깨끗한 정신세계를 공유할 수 있는 기회를 제공.
4 · 6판 양장본 / 144쪽 / 4,500원

사랑보다 소중한 삶의 의미
크리슈나무르티 지음 / 최윤영 엮음
금세기 최고의 사상가이자 철학자인 크리슈나무르티가 인간의
정신적 사고의 구조와 본질을 규명하여 인간의 삶에 대한 가장
완벽한 해답을 제시. 신국판 / 180쪽 / 4,000원

장자-어찌하여 알 속에 털이 있다 하는가
홍영의 엮음
동양 사상의 저변에 흐르고 있는 자연에의 경외감을 유감없이
표현한 장자를 통하여 인간 본연의 자세로 돌아가 나를 돌아보
는 계기를 만들어 주는 책. 4 · 6판 / 180쪽 / 4,000원

논어-배우고 때로 익히면 즐겁지 아니한가
신도희 엮음
인간에게 필요불가결한 윤리와 도덕생활의 교훈들을 평이한
문제로 광범위하게 집약한 논어의 모든 것!!
4 · 6판 / 180쪽 / 4,000원

맹자-가까이 있는데 어찌 먼 데서 구하려 하는가
홍영의 엮음
반성과 자책을 통해 잃어버린 양심을 수습하고 선으로 복귀할
것을 천명하는 맹자 사상의 집대성!! 4 · 6판 / 180쪽 / 4,000원

아름다운 세상을 만드는 사랑의 메시지 365
DuMont monte Verlag 엮음 / 정성호 옮김
독일에서 출간 이후 1백만 권 이상 판매된 베스트셀러. 특별히
소중한 사람을 행복하게 만드는 독창적인 사랑고백법 365가지
를 수록한 마음이 따뜻해지는 책.
4 · 6판 변형 양장본 / 240쪽 / 8,000원

황금의 법
오오카와 류우호오 지음 / 민병수 옮김
불법진리의 연구 및 공부를 통하여 종교적 깨달음의 깊이를
더해 주는 불서. 신국판 / 320쪽 / 12,000원

왜 여자는 바람을 피우는가?
기젤라 룬테 지음 / 김현성 · 진정미 옮김
각계 각층의 여자들과의 인터뷰를 바탕으로 하여 여자들이 바
람 피우는 이유를 진솔하게 해부한 여성 탐구서.
국판 / 200쪽 / 7,000원

건 강

식초건강요법
건강식품연구회 엮음 / 신재용 (해성한의원 원장) 감수
가장 쉽게 구할 수 있고 경제적인 식품이면서 상상할 수 없을 정

도로 뛰어난 약효를 지닌 식초의 모든 것을 담은 건강지침서!
신국판 / 224쪽 / 6,000원

아름다운 피부미용법
이순희 (한독피부미용학원 원장) 지음
피부조직에 대한 기초 이론과 우리 몸의 생리를 알려줌으로써
아름다운 피부. 젊은 피부를 오래 유지할 수 있는 비결 제시!
신국판 / 296쪽 / 6,000원

버섯건강요법
김병각 외 6명 지음
종양 억제율 100%에 가까운 96.7%를 나타내는 기적의 약용버
섯 등 신비의 버섯을 통하여 암을 치료하고 비만, 당뇨, 고혈
압, 동맥경화 등 각종 성인병 예방을 위한 생활 건강 지침서!
신국판 / 286쪽 / 8,000원

성인병과 암을 정복하는 유기게르마늄
이상현 편저 / 캬오 샤오이 감수
최근 들어 각광을 받고 있는 새로운 치료제인 유기게르마늄을
통한 성인병, 각종 암의 치료에 대해 상세히 소개.
신국판 / 312쪽 / 9,000원

난치성 피부병
생약효소연구원 지음
현대의학으로도 치유불가능했던 난치성 피부병인 건선 · 아토
피 (태열)의 완치요법이 수록된 건강 지침서.
신국판 / 232쪽 / 7,500원

新 방약합편
정도명 편역
자신의 병을 알고 증세에 맞춰 스스로 처방을 할 수 있고 조제
할 수 있는 보약 506가지 수록. 신국판 / 416쪽 / 15,000원

자연치료의학
오홍근 (신경정신과 의학박사 · 자연의학박사) 지음
대한민국 최초의 자연의학박사가 밝힌 신비의 자연치료의학으
로 자연산물을 이용하여 부작용 없이 치료하는 건강 생활 비법
공개!! 신국판 / 472쪽 / 15,000원

약초의 활용과 가정한방
이인성 지음
주변의 흔한 식물과 약초를 활용하여 각종 질병을 간편하게 예
방 · 치료할 수 있는 비법제시. 신국판 / 384쪽 / 8,500원

역전의학
이시하라 유미 지음 / 유태종 감수
일반상식으로 알고 있는 건강상식에 대해 전혀 새로운 관점에
서 비판하고 아울러 새로운 방법들을 제시한 건강 혁명 서적!!
신국판 / 286쪽 / 8,500원

이순희식 순수피부미용법
이순희 (한독피부미용학원 원장) 지음
자신의 피부에 맞는 관리법으로 스스로 피부관리를 할 수 있는
방법을 제시하고 책 속 부록으로 천연팩 재료 사전과 피부 타
입별 팩 고르기. 신국판 / 304쪽 / 7,000원

21세기 당뇨병 예방과 치료법
이현철 (연세대 의대 내과 교수) 지음
세계 최초 유전자 치료법을 개발한 저자가 당뇨병과 대항하여

가장 확실하게 이길 수 있는 당뇨병에 대한 올바른 이론과 발병시 대처 방법을 상세히 수록! 신국판 / 360쪽 / 9,500원

신재용의 민의학 동의보감
신재용(해성한의원 원장) 지음
주변의 흔한 먹거리를 이용하여 신비의 명약이나 보약으로 활용할 수 있는 건강 지침서로서 저자가 TV나 라디오에서 다 밝히지 못한 한방 및 민간요법까지 상세히 수록!!
신국판 / 476쪽 / 10,000원

치매 알면 치매 이긴다
배오성(백상한방병원 원장) 지음
B.O.S.요법으로 뇌세포의 기능을 활성화시키고 엔돌핀의 분비 효과를 극대화시켜 증상에 맞는 한약 처방을 병행하여 치매를 치유하는 획기적인 치유법 제시. 신국판 / 312쪽 / 10,000원

21세기 건강혁명 밥상 위의 보약 생식
최경순 지음
항암식품으로, 다이어트식으로, 젊고 탄력적인 피부를 유지할 수 있게 해주는 자연식으로의 생식을 소개하여 현대인들의 건강 길라잡이가 되도록 하였다. 신국판 / 348쪽 / 9,800원

기치유와 기공수련
윤한홍(기치유 연구회 회장) 지음
누구나 노력만 하면 개발할 수 있고 활용할 수 있는 기 수련 방법과 기치유 개발 방법 소개. 신국판 / 340쪽 / 12,000원

만병의 근원 스트레스 원인과 퇴치
김지혁(김지혁한의원 원장) 지음
만병의 근원인 스트레스를 속속들이 파헤치고 예방법까지 속시원하게 제시!! 신국판 / 324쪽 / 9,500원

김종성 박사의 뇌졸중 119
김종성 지음
우리나라 사망원인 1위. 뇌졸중 분야의 최고 권위자인 저자가 일상생활에서의 건강관리부터 환자간호에 이르기까지 뇌졸중의 예방, 치료법 등 모든 것 수록. 신국판 / 356쪽 / 12,000원

탈모 예방과 모발 클리닉
장정훈 · 전재홍 지음
미용적인 측면과 우리가 일상적으로 고민하고 궁금해 하는 털에 관한 내용들을 다양하고 재미있게 예들을 들어가면서 흥미롭게 풀어간 것이 이 책의 특징. 신국판 / 252쪽 / 8,000원

구태규의 100% 성공 다이어트
구태규 지음
하이틴 영화배우의 다이어트 체험서.
저자만의 다이어트법을 제시하면서 바람직한 다이어트에 대해서도 알려준다. 건강하게 날씬해지고 싶은 사람들을 위한 필독서! 4 · 6배판 변형 / 240쪽 / 9,900원

암 예방과 치료법
이춘기 지음
암환자와 가족들을 위해서 암의 치료방법에서부터 합병증의 예방 및 암이 생기기 전에 알 수 있는 방법에 이르기까지 상세하게 해설해 놓은 책. 신국판 / 296쪽 / 11,000원

알기 쉬운 위장병 예방과 치료법
민영일 지음
소화기관인 위와 관련 기관들의 여러 질환을 발병 원인, 증상, 치료법을 중심으로 알기 쉽게 해설해 놓은 건강서.
신국판 / 328쪽 / 9,900원

이온 체내혁명
노보루 야마노이 지음 / 김병관 옮김
새로운 건강관리 이론으로 주목을 받고 있는 음이온을 통해 건강을 돌볼 수 있는 방법 제시. 신국판 / 272쪽 / 9,500원

어혈과 사혈요법
정지천 지음
침과 부항요법 등을 사용하여 모든 질병을 다스릴 수 방법과 우리 주변에서 흔하게 접할 수 있는 각 질병의 상황별 처치를 혈자리 그림과 함께 해설. 신국판 / 308쪽 / 12,000원

약손 경락마사지로 건강미인 만들기
고정환 지음
경락과 민족 고유의 정신 약손을 결합시킨 약손 성형경락 마사지로 수술하지 않고도 자신이 원하는 부위를 고치는 방법을 제시하는 건강 미용서. 4×6배판 변형 / 284쪽 / 15,000원

정유정의 LOVE DIET
정유정 지음
널리 알려진 온갖 다이어트 방법으로 살을 빼려고 노력했던 저자의 고통스러웠던 다이어트 체험담이 실려 있어 지금 살 때문에 고민하는 사람들이 가슴에 와 닿는 나만의 다이어트 계획을 나름대로 세울 수 있을 것이다.
4×6배판 변형 / 196쪽 / 10,500원

머리에서 발끝까지 예뻐지는 부분다이어트
신상만 · 김선민 지음
한약을 먹거나 침을 맞아 살을 빼는 방법, 아로마요법을 이용한 다이어트법, 운동을 이용한 부분만 해소법 등이 실려 있으므로 나에게 맞는 방법을 선택해 날씬하고 예쁜 몸매를 만들 수 있을 것이다. 4×6배판 변형 / 196쪽 / 11,000원

알기 쉬운 심장병 119
박승정 지음
서울아산병원 심장 내과에 있는 저자가 심장병에 관해 심장질환이 생기는 원인, 증상, 치료법을 중심으로 내용을 상세하게 해설해 놓은 건강서. 신국판 / 248쪽 / 9,000원

알기 쉬운 고혈압 119
이정균 지음
생활 속의 고혈압에 관해 일반인들이 관심을 가지고 예방할 수 있도록 고혈압의 원인, 증상, 합병증 등을 상세하게 해설해 놓은 건강서. 신국판 / 304쪽 / 10,000원

여성을 위한 부인과질환의 예방과 치료
차선희 지음
남들에게는 말할 수 없는 증상들로 고민하고 있는 여성들을 위해 부인암, 골다공증, 빈혈 등 부인과질환을 원인 및 치료방법을 중심으로 설명한 여성건강 정보서.
신국판 / 304쪽 / 10,000원

알기 쉬운 아토피 119
이승규 · 임승엽 · 김문호 · 안유일 지음
감기처럼 흔하지만 암만큼 무서운 아토피 피부염의 원인에서
부터 증상, 치료방법, 임상사례, 민간요법을 적용한 환자들의
경험담 등 수록. 신국판 / 232쪽 / 9,500원

120세에 도전한다
이권행 지음
아프지 않고 건강하게 오래 살기를 바라는 현대인들에게 우리
체질에 맞는 식생활습관, 심신 활동, 생활습관, 체질별 · 나이
별 양생법을 소개. 장수하고픈 독자들의 궁금증을 풀어줄 것이
다. 신국판 / 308쪽 / 11,000원

건강과 아름다움을 만드는 요가
정판식 · 노진이 지음
책을 보고서 집에서 혼자서도 할 수 있는 요가법 수록. 각종 질
병에 따른 요가 수정체조법도 담았으며, 별책 부록으로 한눈에
보는 요가 차트 수록. 4×6배판 변형 / 224쪽 / 14,000원

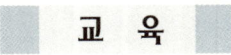

교 육

우리 교육의 창조적 백색혁명
원상기 지음
자라나는 새싹들이 기본적인 지식과 사고를 종합적 · 창조적으
로 발전시켜 창조적인 사고능력을 배양할 수 있도록 한 교육지
침서. 신국판 / 206쪽 / 6,000원

육아아이디어 263
생활컨설턴트그룹 엮음 / 한양심 옮김
세상에서 가장 예쁘고 소중한 우리 아기에게 언제나 여유로우
면서도 무슨 일이든 척척 처리하는 현명한 신세대 엄마가 되기
위한 최신 육아 정보 수록! 신국판 / 318쪽 / 6,000원

현대생활과 체육
조창남 외 5명 공저
각종 현대병의 원인과 예방 및 운동요법에 대한 이론과 요즘
각광받는 골프 · 스키 · 볼링 등의 레저스포츠 총망라한 생활체
육 총서. 신국판 / 340쪽 / 10,000원

퍼펙트 MBA
IAE유학네트 지음
기존의 관련 도서들과는 달리 Top MBA로 가는 길을 상세하고
완벽하게 수록. 가장 완벽하고 충실한 최신 정보 제공.
신국판 / 400쪽 / 12,000원

유학길라잡이 I -미국편
IAE유학네트 지음
미국의 교육제도 및 유학을 가기 위해서 준비해야 할 절차, 미
국 현지 생활 정보, 최신 비자정보 등을 한눈에 볼 수 있는 유
학길잡이. 4 · 6배판 / 372쪽 / 13,900원

유학길라잡이 II - 4개국편
IAE유학네트 지음
영어권 국가인 영국 · 캐나다 · 호주 · 뉴질랜드의 현지 정보 ·
교육제도 및 각 국가별 학교의 특화된 교육내용 완전 수록!!
4 · 6배판 / 348쪽 / 13,900원

조기유학길라잡이.com
IAE유학네트 지음
영어권으로 나이 어린 자녀를 유학보내기 위해 준비중인 학부
모 및 준비생들이 반드시 읽어야 할 필독서!!
영어권 나라의 교육제도 및 학교별 데이터를 완벽하게 수록하
여 유학정보서의 질을 한 단계 상승시킨 결정판!!
4 · 6배판 / 428쪽 / 15,000원

현대인의 건강생활
박상호 외 5명 공저
현대인들의 건강한 삶을 위한 사회체육의 중요성을 강조. 건강
과 체력 증진을 위한 기본상식, 노인과 건강 등 이론과 스쿼
시 · 스키 · 윈드 서핑 등 레저스포츠 등의 실기편으로 이루어
진 알찬 내용 수록. 4 · 6배판 / 268쪽 / 15,000원

천재아이로 키우는 두뇌훈련
나카마츠 요시로 지음 / 민병수 옮김
머리가 좋은 아이로 키우기 위한 환경 만들기, 식사, 운동 등
연령별 두뇌 훈련법 소개. 국판 / 288쪽 / 9,500원

테마별 고사성어로 익히는 한자
김경익 지음
세글자, 네글자로 이루어진 고사성어를 통해 실용한자를 익히
고 성어 속에 담긴 의미도 오늘에 맞게 재해석 해보는 한자 학
습서. 4 · 6배판 변형 / 248쪽 / 9,800원

生생 공부비법
이은승 지음
국내 최초 수학과외 수출의 주인공 이은승이 개발한 자기만의
맞춤식 공부학습법 소개. 공부도 하는 법을 알면 목표를 달성
할 수 있다고 용기를 북돋우어 주는 실전 공부 비법서.
신국판 변형 / 272쪽 / 9,500원

취미 · 실용

김진국과 같이 배우는 와인의 세계
김진국 지음
포도주 역사에서 분류, 원료 포도의 종류와 재배, 양조 · 숙
성 · 저장, 시음법, 어울리는 요리와 와인의 유통과 소비, 와인
시장의 현황과 전망, 와인 판매 요령, 와인의 보관과 재고의 회
전, '와인 양조 비밀의 모든 것'을 동영상으로 제작한 CD까지,
와인의 모든 것이 담긴 종합학습서.
국배판 변형양장본(올 컬러판) / 208쪽 / 30,000원

경제 · 경영

CEO가 될 수 있는 성공법칙 101가지
김승룡 편역
또 한 번의 경제위기를 겪고 있는 우리의 현실을 극복하고 일
어설 수 있는 리더로서의 역할과 책임에 대한 명확한 해답을
제시해줄 것이다. 신국판 / 320쪽 / 9,500원

정보소프트
김승룡 지음
홍수처럼 쏟아지는 정보를 수집·분석하여 효과적으로 활용하
는 방법을 총망라한 정보 전략 완벽 가이드!!
신국판 / 324쪽 / 6,000원

기획대사전
다카하시 겐코 지음 / 홍영의 옮김
기획에 관련된 모든 사항을 실례와 도표를 통하여 초보자에서
프로기획맨에 이르기까지 효율적으로 활용할 수 있도록 체계적
으로 총망라하였다. 신국판 / 552쪽 / 19,500원

맨손창업 · 맞춤창업 BEST 74
양혜숙 지음
창업대행 현장 전문가가 추천하는 유망업종을 7가지 주제별로
나누어 수록한 맞춤창업서로 창업예비자들에게 창업의 길을 밝
혀줄 발로 뛰면서 만든 실무 지침서!!
신국판 / 416쪽 / 12,000원

무자본, 무점포 창업! FAX 한 대면 성공한다
다카시로 고시 지음 / 홍영의 옮김
완벽한 FAX 활용법을 제시하여 가장 적은 자본으로 창업하려
는 예비자들에게 큰 투자를 필요로 하지 않으면서 성공을 이끌
어주는 길라잡이가 되는 실무 지침서.
신국판 / 226쪽 / 7,500원

성공하는 기업의 인간경영
중소기업 노무 연구회 편저 / 홍영의 옮김
무한경쟁시대에서 각 기업들의 다양한 경영 실태 속에서 인
사·노무 관리 개선에 있어서 기업의 효율을 높이고 발전을 이
룰 수 있는 원칙을 제시. 신국판 / 368쪽 / 11,000원

21세기 IT가 세계를 지배한다
김광희 지음
21세기 화두로 떠오른 IT혁명의 경쟁력에 대해서 전문가의 논
리적이고 철저한 해설과 더불어 매장 끝까지 실제 사례를 곁들
여 설명. 신국판 / 380쪽 / 12,000원

경제기사로 부자아빠 만들기
김기태·신현태·박근수 공저
날마다 배달되는 경제기사를 꼼꼼히 챙겨보는 사람만이 현대
생활에서 부자가 될 수 있다. 언론인의 현장감각과 학자의 전
문성을 접목시킨 것이 이 책의 특성! 누구나 이 책을 읽고 경제
원리를 체득, 경제예측을 할 수 있게 준비된 생활경제서적.
신국판 / 388쪽 / 12,000원

포스트 PC의 주역 정보가전과 무선인터넷
김광희 지음
포스트 PC의 주역으로 급부상하고 있는 정보가전과 무선인터
넷 그리고 이를 구현하기 위한 관련 테크놀러지를 체계적으로
소개. 신국판 / 356쪽 / 12,000원

성공하는 사람들의 마케팅 바이블
채수명 지음
최근의 이론을 보완하여 내놓은 마케팅 관련 실무서. 마케팅의
정보전략, 핵심요소, 컨설팅실무까지 저자의 노하우와 창의적
인 이론이 결합된 마케팅서. 신국판 / 328쪽 / 12,000원

느린 비즈니스로 돌아가라
사카모토 게이이치 지음 / 정성호 옮김
미국식 스피드 경영에 익숙해져 현실의 오류를 간과하고 있는
사람들을 위한 어떻게 팔 것인가보다 무엇을 팔 것인가를 차분
히 설명하는 마케팅 컨설턴트의 대안 제시서!
신국판 / 276쪽 / 9,000원

적은 돈으로 큰돈 벌 수 있는 부동산 재테크
이원재 지음
700만 원으로 부동산 재테크에 뛰어들어 100배 불린 저자가 부
동산 재테크를 계획하고 있는 사람들이 반드시 알아두어야 할
내용을 경험담을 담아 해설해 놓은 경제서.
신국판 / 340쪽 / 12,000원

바이오혁명
이주영 지음
21세기 국가간 경쟁부문으로 새로이 떠오르고 있는 바이오혁명
에 관한 기초지식을 언론사에 몸담고 있는 현직 기자가 아주 쉽
게 해설해 놓은 바이오 가이드서. 바이오 관련 용어 해설 수록.
신국판 / 328쪽 / 12,000원

두뇌혁명
나카마츠 요시로 지음 / 민병수 옮김
『뇌내혁명』 하루야마 시게오의 추천작!!
어른들을 위한 두뇌 개발서로, 풍요로운 인생을 만들기 위한
'뇌'와 '몸' 자극법 제시. 4·6판 양장본 / 288쪽 / 12,000원

성공하는 사람들의 자기혁신 경영기술
채수명 지음
자기 계발을 통한 신지식 자기경영마인드를 갖추어야 한다는
전제 아래 그 방법을 자세하게 알려주는 자기계발 지침서.
신국판 / 344쪽 / 12,000원

CFO
교텐 토요오·타하라 오키시 지음 / 민병수 옮김
일반인들에게 생소한 용어인 CFO. 세계화에 발맞추어 기업이
경쟁력을 갖추려면 CFO, 즉 최고 재무책임자의 역할이 지금까
지와는 완전히 달라져야 한다. 이에 기업을 이끌어가는 새로운
키잡이로서의 CFO의 역할, 위상 등을 일본의 기업을 중심으로
하여 알아보고 바람직한 방향을 제시한다.
신국판 / 312쪽 / 12,000원

네트워크시대 네트워크마케팅
임동학 지음
학력, 사회적 지위 등에 관계 없이 자신이 노력한 만큼 돈을 벌
수 있는 네트워크마케팅에 관해 알려주는 안내서.

신국판 / 376쪽 / 12,000원

성공리더의 7가지 조건
다이앤 트레이시 · 윌리엄 모건 지음 / 지창영 옮김
개인과 팀, 조직관계의 개선을 위한 방향제시 및 실천을 위한
안내자 역할을 해주는 책. 현장에서 활용할 수 있는 실용서.
신국판 / 360쪽 / 13,000원

김종결의 성공창업
김종결 지음
누구나 창업을 할 수는 있지만 아무나 돈을 버는 것은 아니다
라는 전제 아래 중견 연기자로서, 음식점 사장님으로 성공한
탤런트 김종결의 성공비결을 통해 창업전략과 성공전략을 제
시한다. 신국판 / 340쪽 / 12,000원

최적의 타이밍에 내 집 마련하는 기술
이원재 지음
부동산을 통한 재테크의 첫걸음 '내 집 마련'의 결정판. 체계적
이고 한눈에 쏙 들어 오는 '내 집 장만 과정'을 쉽게 풀어놓은
부동산재테크서. 신국판 / 248쪽 / 10,500원

주 식

개미군단 대박맞이 주식투자
홍성걸(한양증권 투자분석팀 팀장) 지음
초보에서 인터넷을 활용한 주식투자까지 필자의 현장에서의
경험을 바탕으로 한 주식 성공전략의 모든 정보 수록.
신국판 / 310쪽 / 9,500원

알고 하자! 돈 되는 주식투자
이길영 외 2명 공저
일본과 미국의 주식시장을 철저한 분석과 데이터화를 통해 한
국 주식시장의 투자의 흐름을 파악함으로써 한국 주식시장에
서의 확실한 성공전략 제시!! 신국판 / 388쪽 / 12,500원

항상 당하기만 하는 개미들의 매도 · 매수타이밍 999% 적중 노하우
강경무 지음
승부사를 꿈꾸며 와신상담하는 모든 이들에게 희망의 등불이
될 것을 확신하는 Jusicman이 주식시장에서 돈벌고 성공할 수
있는 비결 전격공개!! 신국판 / 336쪽 / 12,000원

부자 만들기 주식성공클리닉
이창희 지음
저자의 경험담을 섞어서 주식이란 무엇인가를 풀어서 써놓은
주식입문서. 초보자와 자신을 성찰해볼 기회를 가지려는 기존
의 투자자를 위해 태어났다. 신국판 / 372쪽 / 11,500원

선물 · 옵션 이론과 실전매매
이창회 지음
선물과 옵션시장에서 일반인들이 실패하는 원인을 분석하고,
반드시 지켜야 할 투자원칙에 따라 유형별로 실전 매매 테크닉
을 터득함으로써 투자를 성공적으로 할 수 있게 한 지침서!!
신국판 / 372쪽 / 12,000원

너무나 쉬워 재미있는 주가차트
홍성무 지음
주식시장에서는 차트 분석을 통해 주가를 예측하는 투자자만
이 주식투자에서 성공하므로 차트에서 급소를 신속, 정확하게
뽑아내 매매타이밍을 잡는 방법을 알려주는 주식투자 지침서.
4 · 6배판 / 216쪽 / 15,000원

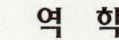

역 학

역리종합 만세력
정도명 편저
현존하는 만세력 중 최장 기간을 수록하였으며 누구나 이 책을
보고 자신의 사주를 쉽게 찾아보고 맞춰 볼 수 있게 하였다.
신국판 / 532쪽 / 10,500원

작명대전
정보국 지음
독자들 스스로 작명할 수 있도록 한글 소리 발음에 입각한 작명의
원리를 밝힌 길라잡이서. 신국판 / 460쪽 / 12,000원

하락이수 해설
이천교 편저
점서학인 하락이수를 직역으로 풀어 놓아 원작자의 깊은 뜻을
원형 그대로 전달하고 원문을 공부하려는 사람들에게 도움이
되는 해설서이다. 신국판 / 620쪽 / 27,000원

현대인의 창조적 관상과 수상
백운산 지음
관상학을 터득하여 적절히 운명에 대처해 나감으로써 어느 분야
에서든지 성공적인 삶을 누릴 수 있는 비법을 전해줄 것이다.
신국판 / 344쪽 / 9,000원

대운용신영부적
정재원 지음
수많은 역사와 신비로운 영험을 지닌 1,000여 종의 부적과 저
자가 수십 년간 연구 · 개발한 200여 종의 부적들을 집대성한
국내 최대의 영부적이다. 신국판 양장본 / 750쪽 / 39,000원

사주비결활용법
이세진 지음
컴퓨터와 역학의 만남!! 운명의 숨겨진 비밀을 꿰뚫어 보는 신
녹현사주 방정식의 모든 것을 수록.
신국판 / 392쪽 / 12,000원

컴퓨터세대를 위한 新 성명학대전
박용찬 지음
이름 속에 운명을 바꾸는 비결이 있다. 태어난 아기 이름은 물
론 개명 · 상호 · 아호 짓는 법까지 사람이 살아가면서 필요한
모든 이름 짓기가 총망라되어 각자의 개성과 사주에 맞게 이름
을 짓는 작명비법을 수록.
신국판 / 388쪽 / 11,000원

길흉화복 꿈풀이 비법
백운산 지음

길몽과 흉몽을 구분하여 그림과 함께 보기 쉽게 엮었으며, 특히 요즘 신세대 엄마들에게 관심이 많은 태몽이 여러 가지로 자세하게 풀이되어 있다.　신국판 / 410쪽 / 12,000원

새천년 작명컨설팅
정재원 지음
혼자 배워야 하는 독자들도 정말 이해하기 쉽도록 구성된 신세대 부모를 위한 쉽고 좋은 아기 이름만들기의 결정판.
신국판 / 470쪽 / 13,000원

백운산의 신세대 궁합
백운산 지음
남녀궁합 보는 법뿐만 아니라 인간관계, 출세, 재물, 자손문제, 건강문제, 성격, 길흉관계 등을 미리 규명할 수 있도록 쉽게 풀어놓았다.　신국판 / 304쪽 / 9,500원

동자삼 작명학
남시모 지음
최초의 한글 성명학으로 한글의 독창성 · 우수성 · 과학성을 운명철학 차원에서 검증한, 한국사람에게 알맞은 건물명 · 상호 · 물건명 등의 이름을 자신에게 맞는 한글이름으로 지을 수 있는 작명비법을 제시한다.　신국판 / 496쪽 / 15,000원

구성학의 기초
문길여 지음
방위학의 모든 것을 통하여 개인의 일생운 · 결혼운 · 사고운 · 가정운 · 부부운 · 자식운 · 출세운을 성공적으로 이끄는 비법 공개.　신국판 / 412쪽 / 12,000원

사례별 해설도 수록.　신국판 / 404쪽 / 13,000원

혼자서 쉽고 빠르게 할 수 있는 소액재판
김재용 · 김종철 공저
나홀로 소액재판을 할 수 있도록 소장작성에서 판결까지의 실제 재판과정을 상세하게 수록하여 이 책 한 권이면 모든 것을 완벽하게 해결할 수 있다.　신국판 / 312쪽 / 9,500원

"술 한 잔 사겠다"는 말에서 찾아보는 채권 · 채무
변환철 지음
일반인들이 꼭 알아야 할 채권 · 채무에 관한 법률 사항을 빠짐없이 수록.　신국판 / 408쪽 / 13,000원

알기쉬운 부동산 세무 길라잡이
이건우 지음
부동산에 관련된 모든 세금을 알기 쉽게 단계별로 해설. 합리적이고 탈세가 아닌 적법한 절세법 제시.
신국판 / 400쪽 / 13,000원

알기쉬운 어음, 수표 길라잡이
변환철(변호사) 지음
어음, 수표의 발행에서부터 도난 또는 분실한 경우의 공시최고와 제권판결에 이르기까지 어음, 수표 관련 법률사항을 쉽고도 상세하게 압축해 놓은 생활법률서.　신국판 / 328쪽 / 11,000원

제조물책임법
강동근 · 윤종성 공저
제품의 설계, 제조, 표시상의 결함으로 소비자가 피해를 입었을 때 제조업자가 배상책임을 져야 하는 제조물책임 시대를 맞아 제조업자가 갖춰야 할 법률적 지식을 조목조목 설명해 놓은 법률서.　신국판 / 368쪽 / 13,000원

법률 일반

여성을 위한 성범죄 법률상식
조명원(변호사) 지음
성희롱에서 성폭력범죄까지 여성이었기 때문에 특히 말 못하고 당해야만 했던 이 땅의 여성들을 위한 성범죄 법률상식서. 사례별 법적 대응방법 제시.　신국판 / 248쪽 / 8,000원

아파트 난방비 75% 절감방법
고영근 지음
예비역 공군소장이 잘못 부과된 아파트 난방비를 최고 75%까지 줄일 수 있는 방법을 구체적인 법적 근거를 토대로 작성한 아파트 난방비 절감방법 제시.　신국판 / 238쪽 / 8,000원

일반인이 꼭 알아야 할 절세전략 173선
최성호(공인회계사) 지음
세법을 제대로 알면 돈이 보인다.
현직 공인중계사가 알려주는 합법적으로 세금을 덜 내고 돈을 버는 절세전략의 모든 것!　신국판 / 392쪽 / 12,000원

변호사와 함께하는 부동산 경매
최환주(변호사) 지음
새 상가건물임대차보호법에 따른 권리분석과 채무자나 세입자의 권리방어기법은 제시한다. 또한 새 민사집행법에 따른 각

생활법률

부동산 생활법률의 기본지식
대한법률연구회 지음 / 김원중 감수
부동산관련 기초지식과 분쟁해결을 위한 노하우, 테크닉을 제시하고 권두 특집으로 주택건설종합계획과 부동산 관련 정부주요 시책을 소개하였다.
신국판 / 480쪽 / 12,000원

고소장 · 내용증명 생활법률의 기본지식
하태웅 지음
스스로 고소 · 고발장을 작성할 수 있도록 예문과 서식을 함께 소개. 또 민사소송에 대해서도 자세하게 설명.
신국판 / 440쪽 / 12,000원

노동 관련 생활법률의 기본지식
남동희 지음
4만 여 건 이상의 무료 상담을 계속하고 있는 저자의 상담 사례를 통해 문답식으로 풀어나가는 노동 관련 생활법률 해설의 최신 결정판.　신국판 / 528쪽 / 14,000원

외국인 근로자 생활법률의 기본지식
남동희 지음

외국인 연수협력단의 자문위원으로 오랜 시간 실무를 접했던 저자의 경험을 바탕으로 외국인 근로자의 체류자격 및 취업자격 등 법적 문제와 법률적 지위를 상세하게 다루었다. 신국판 / 400쪽 / 12,000원

계약작성 생활법률의 기본지식
이상도 지음

국민생활과 직결된 계약법의 기초를 이루는 핵심 기본지식을 간단명료한 해설 및 관련 계약서 작성 예문과 함께 제시. 신국판 / 560쪽 / 14,500원

지적재산 생활법률의 기본지식
이상도 · 조의제 공저

현대 산업사회에서 중요시되고 있는 특허, 실용신안, 의장, 상표, 저작권, 컴퓨터프로그램저작권 등 지적재산의 모든 것을 체계화하여 한 권으로 요약하였다. 신국판 / 496쪽 / 14,000원

부당노동행위와 부당해고 생활법률의 기본지식
박영수 지음

노사관계 핵심사항인 부당노동행위와 정리해고 · 징계해고를 중심으로 간단 명료한 해설과 더불어 대법원 판례, 노동위원회에 의한 구제절차, 소송절차 및 노동부 업무처리지침을 소개. 신국판 / 432쪽 / 14,000원

주택 · 상가임대차 생활법률의 기본지식
김운용 지음

전세업자들이 보증금 반환소송이나 민사소송, 경매절차까지의 기본적인 흐름을 알 수 있도록 인터넷을 통한 실제 법률 상담을 전격 수록. 신국판 / 480쪽 / 14,000원

하도급거래 생활법률의 기본지식
김진흥 지음

경제적 약자인 하도급업자를 위하여 하도급거래 관련 필수적인 법률사안들을 쉽게 해설함과 동시에 실무에 필요한 12가지 하도급표준계약서를 소개. 신국판 / 440쪽 / 14,000원

이혼소송과 재산분할 생활법률의 기본지식
박동섭 지음

이혼과 관련하여 해결해야 할 법률문제들을 저자의 실무경험을 바탕으로 명쾌하게 해설하였다. 아울러 약혼이나 사실혼파기로 인한 위자료문제도 함께 다루어 가정문제로 고민하는 사람들에게 길잡이가 되도록 하였다. 신국판 / 460쪽 / 14,000원

부동산등기 생활법률의 기본지식
정상태 지음

등기를 하지 않으면 어떤 위험이 따르고, 등기를 하면 어떤 효력이 생기는가! 등기신청은 어떻게 하며, 필요한 서류는 무엇이고, 등기종류에는 어떤 것들이 있는가 등 부동산등기 전반에 걸쳐 일반인이 꼭 알아야 할 법률상식을 간추려 간단, 명료하게 해설하였다. 신국판 / 456쪽 / 14,000원

기업경영 생활법률의 기본지식
안동섭 지음

사업을 구상하고 있는 사람이나 현재 경영하고 있는 사람 및 관리실무자에게 필요한 법률을 체계적으로 알려주고 관련 법

률서식과 서식작성 예문도 함께 소개. 신국판 / 466쪽 / 14,000원

교통사고 생활법률의 기본지식
박정무 · 전병찬 공저

교통사고 당사자가 쉽게 응용할 수 있도록 단계별 해결책을 제시함과 동시에 사고유형별 Q&A를 통하여 상세한 법률자문 역할을 하였다. 신국판 / 480쪽 / 14,000원

소송서식 생활법률의 기본지식
김대환 지음

일상생활과 밀접한 소송서식을 중심으로 소장작성부터 판결을 받을 때까지 그 서식작성요령을 서식마다 항목별로 자세하게 설명하였다. 신국판 / 480쪽 / 14,000원

호적 · 가사소송 생활법률의 기본지식
정주수 지음

개명, 성 · 본 창설, 취적절차 및 법원의 허가 및 판결에 의한 호적정정절차, 친권 · 후견절차, 실종선고 · 부재선고절차에 상세한 해설과 함께 신고서식 작성요령과 구비할 서류 및 재판절차에 대하여 자세히 설명. 신국판 / 516쪽 / 14,000원

상속과 세금 생활법률의 기본지식
박동섭 지음

상속재산분할, 상속회복청구, 유류분반환청구, 상속세부과처분취소 등 상속관련 사건들을 해결하는 데 도움이 되도록 상속법과 상속세법을 상세하게 함께 수록. 신국판 / 480쪽 / 14,000원

담보 · 보증 생활법률의 기본지식
류창호 지음

살아가다 보면 담보를 제공하거나 보증을 서는 일이 비일비재하다. 이렇게 담보를 제공하거나 보증을 섰는데 문제가 생겼을 때의 해결방법을 법조항 설명과 함께 실례를 실어 알아 본다. 신국판 / 436쪽 / 14,000원

소비자보호 생활법률의 기본지식
김성천 지음

소비자의 권리 실현 보장 관련 법률 및 소비자 파산 문제를 상세한 해설 · 판례와 함께 모두 수록. 신국판 / 504쪽 / 15,000원

처 세

성공적인 삶을 추구하는 여성들에게 우먼파워
조안 커너 · 모이라 레이너 공저 / 지창영 옮김

사회의 여성을 향한 냉대와 편견의 벽을 깨뜨리고 성공적인 삶을 이루려는 여성들이 갖추어야 할 자세 및 삶의 이정표 제시!! 신국판 / 352쪽 / 8,800원

聽 이익이 되는 말 話 손해가 되는 말
우메시마 미요 지음 / 정성호 옮김

직장이나 집안에서 언제나 주고받는 일상의 화제를 모아 실음으로써 대화의 참의미를 깨닫고 비즈니스를 성공적으로 이끌기 위한 대화술을 키우는 방법 제시!! 신국판 / 304쪽 / 9,000원

성공하는 사람들의 화술테크닉
민영욱 지음

개인간의 사적인 대화에서부터 대중을 위한 공적인 강연에 이르기까지 어떻게 말하고 어떻게 스피치를 할 것인가에 관한 지침서. 신국판 / 320쪽 / 9,500원

부자들의 생활습관 가난한 사람들의 생활습관
다케우치 야스오 지음 / 홍영의 옮김

경제학의 발상을 기본으로 하여 사람들이 살아가면서 생활에서 생각해 볼 수 있는 이익을 보는 생활습관과 손해를 보는 생활습관을 수록, 독자 자신에게 맞는 생활습관의 기본 전략을 설계할 수 있도록 제시. 신국판 / 320쪽 / 9,800원

코끼리 귀를 당긴 원숭이-히딩크식 창의력을 배우자
강충인 지음

코끼리와 원숭이의 우화를 히딩크의 창조적 경영기법과 리더십에 대비하여 자기혁신, 기업혁신을 꾀하는 창의력 개발법을 제시. 신국판 / 208쪽 / 8,500원

성공하려면 유머와 위트로 무장하라
민영욱 지음

21세기에 들어 새로운 추세를 형성하고 있는 말 잘하기. 이러한 추세에 맞추어 현재 스피치 강사로 활약하고 있는 저자가 말을 잘하는 방법과 유머와 위트를 만들고 즐기는 방법을 제시한다. 신국판 / 292쪽 / 9,500원

등소평의 오뚝이전략
조창남 편저

중국 역사상 정치·경제·학문 등의 분야에서 최고 위치에 오른 리더들의 인재활용, 상황 극복법 등 처세 전략·전술을 통해 이 시대의 성공인으로 자리매김하는 해법 제시.
신국판 / 304쪽 / 9,500원

노무현 화술과 화법을 통한 이미지 변화
이현정 지음

현재 불교방송에서 활동하고 있는 이현정 아나운서의 화술 길라잡이서. 노무현 대통령의 독특한 화술과 화법을 통해 리더로서, 성공인으로서 갖추어야 할 화술 화법을 배우는 화술 실용서. 신국판 / 320쪽 / 10,000원

성공하는 사람들의 토론의 법칙
민영욱 지음

다양한 사람들의 다양한 욕구를 하나로 응집시키는 수단으로 등장하고 있는 토론에 관해 간단하고 쉽게 제시한 토론 길라잡이서. 신국판 / 280쪽 / 9,500원

사람은 칭찬을 먹고산다
민영욱 지음

말 한마디에 천냥 빚을 갚는다는 속담이 있다. 현대에서 성공하는 사람으로 남기 위해서는 남을 칭찬할 줄도 알아야 한다. 성공하는 사람이 되기 위해서 알아야 할 칭찬 스피치의 기법, 특징 등을 실생활에 적용해 설명해놓은 성공처세 지침서.
신국판 / 268쪽 / 9,500원

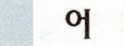

명상으로 얻는 깨달음
달라이 라마 지음 / 지창영 옮김

티베트의 정신적 지도자이자 실질적 지도자인 달라이 라마의 수많은 가르침 가운데 현대인에게 필요해지고 있는 인내에 대한 이야기. 국판 / 320쪽 / 9,000원

어 학

2진법 영어
이상도 지음

2진법 영어의 비결을 통해서 기존 영어학습 방법의 단점을 말끔히 해소시켜 주는 최초로 공개되는 고효율 영어학습 방법. 적은 시간을 투자하여 영어의 모든 것을 획기적으로 향상시킬 수 있는 비법을 제시한다. 4·6배판 변형 / 328쪽 / 13,000원

한 방으로 끝내는 영어
고제윤 지음

일상생활에서의 이야기를 바탕으로 하는 영어강의로 영어문법은 재미없고 지루하다고 생각하는 이 땅의 모든 사람들의 상식을 깨면서 학습 효과를 높이기 위한 공부방법을 제시하는 새로운 영어학습서. 신국판 / 316쪽 / 9,800원

한 방으로 끝내는 영단어
김승엽 지음 / 김수경·카렌다 감수

일상생활에서 우리가 무심코 던지는 영어 한마디가 당신의 영어수준을 드러낸다는 사실을 깨닫게 하는 영어 실용서. 풍부한 예문을 통해 참영어를 배우겠다는 사람, 무역업이나 관광 안내업에 종사하는 사람, 영어권 나라로 이민을 가려는 사람들에게 많은 도움을 줄 것이다. 4·6배판 변형 / 236쪽 / 9,800원

해도해도 안 되던 영어회화 하루에 30분씩 90일이면 끝낸다
Carrot Korea 편집부 지음

온라인과 오프라인을 넘나들면서 영어학습자들의 각광을 받고 있는 린다의 현지 생활 영어 수록. 교과서에서 배울 수 없었던 생생한 실생활 영어를 90일 학습으로 모두 끝낼 수 있다.
4·6배판 변형 / 260쪽 / 15,000원

바로 활용할 수 있는 기초생활영어
김수경 지음

다양한 상황에 대처할 수 있도록 인사나 감정 표현, 전화나 교통, 장소 및 기타 여러 사항에 관한 기초생활영어를 총망라.
신국판 / 240쪽 / 10,000원

바로 활용할 수 있는 비즈니스영어
김수경 지음

해외 출장시, 외국의 바이어 접견시 기본적으로 사용할 수 있는 상황별 센텐스를 수록하여 해외 출장 준비 및 외국 바이어

접견을 완벽하게 끝낼 수 있게 했다. 신국판 / 252쪽 / 10,000원

생존영어55
홍일록 지음
살아 있는 영어를 익힐 수 있는 기회 제공. 반드시 알아야 할
핵심 센텐스를 저자가 미국 현지에서 겪었던 황당한 사건들과
함께 수록, 재미도 느낄 수 있다. 신국판 / 224쪽 / 8,500원

배스낚시 테크닉
이종건 지음
현재 한국배스스쿨에서 강사로 활약하고 있는 아마추어 배스
낚시꾼이 중급 수준의 배스 낚시꾼들이 자신의 실력을 한 단계
업그레이드 시킬 수 있도록 루어의 활용, 응용법 등을 상세하
게 해설. 4 · 6배판 / 440쪽 / 20,000원

나도 디지털 전문가 될 수 있다!!!
이승훈 지음
깜찍한 디자인과 간편하게 휴대할 수 있다는 장점 때문에 새로
운 생활필수품으로 자리를 잡아가고 있는 디카 · 디캠을 짧은
시간 안에 쉽게 배울 수 있도록 해놓은 초보자를 위한 디카 ·
디캠길라잡이서. 4 · 6배판 / 320쪽 / 19,200원

스포츠

수열이의 브라질 축구 탐방 삼바 축구, 그들은 강하다
이수열 지음
축구에 대한 관심만으로 각 나라의 축구팀, 특히 브라질 축구
팀에 애정을 가지고 브라질 축구팀의 전력 및 각 선수들의 장
단점을 나름대로 분석하고 연구하여 자신의 의견을 피력하고
있는 축구 길라잡이서. 신국판 / 280쪽 / 8,500원

마라톤, 그 아름다운 도전을 향하여
빌 로저스 · 프리실라 웰치 · 조 헨더슨 공저 / 오인환 감수 /
지창영 옮김
마라톤에 입문하고자 하는 초보 주자들을 위한 마라톤 가이드
서. 올바르게 달리는 법, 음식 조절법, 달리기 전 준비운동, 주
자에게 맞는 프로그램 짜기, 부상 예방법을 상세하게 설명하고
있다. 4 · 6배판 / 320쪽 / 15,000원

레포츠

퍼팅 메커닉
이근택 지음
감각에 의존하는 기존 방식의 퍼팅은 이제 그만!!
저자 특유의 과학적 이론을 신체근육 운동학에 접목시켜 몸의
무리를 최소한으로 덜고 최대한의 정확성과 거리감을 갖게 하
는 새로운 퍼팅 메커닉 북. 4 · 6배판 변형 / 192쪽 / 18,000원

아마골프 가이드
정영호 지음
골프를 처음 시작하는 모든 아마추어 골퍼를 위해 보다 쉽고
빠르게 이해할 수 있도록 내용이 구성된 아마골프 레슨 프로그
램서. 4 · 6배판 변형 / 216쪽 / 12,000원

인라인스케이팅 100%즐기기
임미숙 지음
레저 문화에 새로운 강자로 자리매김하고 있는 인라인 스케이
팅을 안전하고 재미있게 즐길 수 있도록 알려주는 인라인 스케
이팅 지침서. 각단계별 동작을 한눈에 알아볼 수 있도록 세부
동작별 일러스트 수록. 4 · 6배판 변형 / 172쪽 / 11,000원

사람은 칭찬을 먹고산다

2003년 11월 10일 제1판 1쇄 발행

지은이/민영욱
펴낸이/강선희
펴낸곳/가림출판사

등록/1992. 10. 6. 제4-191호
주소/서울시 광진구 구의동 57-71 부원빌딩 4층
대표전화/458-6451   팩스/458-6450
홈페이지 http://www.galim.co.kr
e-mail galim@galim.co.kr

값 9,500원

ISBN 89-7895-149-X 13320